広岡イズム

“名将”の考え方、育て方、生き方に学ぶ

広岡達朗

ワニブックス
PLUS新書

まえがき

この国をよくしていきたい。

危機的な状況にあるこの国をどうにかしたい。

大人としての責任感と誇りを持った人ならば、今、誰もが感じていることでしょう。

「こうあって欲しい」と願う国の姿は確かに見えているのに、国のあり方はどんどんと違う方向に流れていってしまう。なぜなのでしょうか。

「国の舵取りをするのは政治家の仕事」と、氣楽に構えていられない状況にあることは、最近のドタバタ政治劇を見れば明らかです。政治家としての責任感を持ち、自分を律して国を正しく導こうとする、厳格さを感じさせる政治家はいなくなりました。

しかし、嘆くだけでは何も変わりません。

ただし、「嘆く」というのは、正しい道へと変革を起こす第一歩ともなります。現状を嘆く思いから、「どうにかしていこう」との氣持ちは生まれます。そして、嘆く人の多さは、この国の未来を変えたいと願う同志が、それだけ大勢いることの表れとなります。

では、なんの権力も持たない一個人の私たちに、いったい何ができるのでしょうか。

私は、教育こそがこの国をよりよく導いていく最大の原動力になると信じています。

教育というと、学校で教師が生徒に行うもの、というイメージが強いかもしれません。もちろん、それも大事な教育です。しかし、教育とは本来、もっと幅広いものです。

先に生まれた者が、あとから生まれてきた者を正しく導いていくこと。これこそ、教育の真のあり方です。そう考えれば、この世に生きるすべての人間が、教育者であり、指導者ということになります。

かつて、一家の長たる父親は、夕飯時、家族の集う食卓にて、人生の真理を子どもたちに語って聞かせたものです。その話を毎日のように聞き、子は親が望む正しい道を知り、人生の指針としていきました。これこそ、真の教育ではなかったでしょうか。

私は、プロ野球選手として血のにじむような鍛錬を積み、その経験を一つの大きな糧《かて》として、コーチから監督へと指導者の道を進みました。私の一念は、「親御さんから預かった選手一人一人を野球人としても社会人としても立派に育てる」ということでした。

私一人の力は小さなものです。しかし、私が育てた選手たちの多くは、監督やコーチとなり、現在の野球界を背負っています。また、一般社会に出て第二の人生を送る者もいます。その新たな人生で、厳しいプロの現場で学んだ人生の真理を、後輩たちに教え伝えてくれていると信じています。

人を教え導くことは、大変なことだけれども、自分の経験と生き方、そして勉強に基づいて行っていくことができます。そうして、正しい生き方をこの国の一人一人が行うようになっていけば、日本は世界で類を見ないほど、誠実で平和で国力の高い国へと変わっていくと私は確信しています。

なんだか大風呂敷を広げてしまいましたが、本書のタイトルは「広岡イズム」。私の正しいと思う考え方を、先に生きてきた者の使命として、お伝えしたいと思います。

もくじ

第3章 「人を育てる」とは……73

第1章

天命を生きるのか、宿命で終わるのか

早稲田大学野球部時代から遊撃手。荒川博らとともに東京六大学リーグのスタープレーヤーで「神宮の貴公子」と呼ばれた。（写真提供:早大野球部OB会）

人は誰もが「天命」を生きるべきだ。

85歳になってわかった多くのこと。

現役時代、巨人軍のショートとして13年間プレーし、その後、ヤクルトと西武というセ・パ2チームの監督として日本一を勝ちとった私も、現在、85歳になりました。

この年齢になって、わかることは多いものです。それを語り伝えることは、次世代にこの世の道理を伝える重要な役割です。先に人生を生きた者は、面倒がらずにその役割を担うこと。あとに生きる者は、先人の教えをうるさがらずに真摯《しんし》に聞くこと。その関係性が築かれていてこそ、人はどんな時代も正しく生きることができるのですし、社会を正しい方向に導いていけるのだと思います。

85歳になった私が、今、もっとも伝えたいのは、人には誰しも「天命」があるということです。

人の身体が人間らしくすばらしく動くのは、健康体であれば18歳くらいまでです。それから30歳手前あたりまでは若干上昇するか、あるいは平行線をたどります。40歳を超えると、何もしなければ下り坂を歩むことになります。

人は一人前になるまで、大病やケガをあまりしないものですし、したとしても早く治ります。それは、自らの身体に備わった病氣やケガを治そうとする力が強く働くからで、それを「自然治癒力」といいます。若い頃は、自然が身体の味方をしてくれるのです。

しかし、40歳を過ぎると、自然治癒力はだんだんと弱くなっていきます。病氣やケガをしやすくなりますし、治りにくくもなっていきます。

ただし、それを憂うことはありません。病氣やケガをするということは、

「あなたのやり方は違うよ。間違っているよ。正しなさいよ」

そう身体が教えてくれていると考えればよいのです。

病氣とは、間違った生活習慣を伝える、身体からのSOSです。そして、ケガとは誤った身体の使い方を伝えるメッセージです。たとえ若い頃に間違った生活を送り、40歳を

過ぎて病が起こってきたとしても、決して慌てないことです。自らの生活を正すことで自然治癒力が高まり、病を癒やしていくことができるのが人間の身体です。病やケガは、「正しく生きなさいよ」と、私たちに人生の方向性を指し示してくれるのです。

死ぬときに後悔しないために

生まれたら、死ぬ。それは人として当たり前のことです。

そして、生き方の正しさは、死ぬときに証明されます。正しい生活（18ページ参照）を送りながら、自分のいる場所で、やるべきことをやって生き、死ぬのが「天命」です。天命は、生まれる時代や場所のように、本来定められているものです。

反対に、好きなものを好きなだけ食べ、「自分さえよければそれでよい」と栄耀栄華を生き、病やケガに倒れ、天命をまっとうできない死が、いわゆる運命、「宿命」です。

正しい生活をして天命を生きるのか、好きなことをして宿命に倒れるのか。どちらの生き方を選ぶのかは、自分自身です。

しかし、天命をまっとうできない生き方は、必ず死に際に後悔を残します。このことは誰もが知っておかなければいけません。

自分を甘えさせ、食欲のおもむくままに食べ、酒を飲み、タバコを吸う生活を続ければ、病は必ず起こってきます。その病によって死の瞬間を迎えることになったとき、「あのとき、こうしておけばよかった」「欲のままに生きることなどしなければ、家族ともっと幸せな時間を過ごせただろうに」と後悔が生じるでしょう。

後悔しながら死ぬことなど、誰が望むでしょうか。それを「嫌だ」と思うのならば、今日からでもやるべきことをやり、誤ったことを正し、宿命から逃れて生きなさい。

私も若い頃には、お酒を飲みましたし、肉も好きでよく食べました。しかし現在は、酒をやめ、肉は少量にとどめ、和食中心の食事にしています。「身体に悪い」と思うものを、生活から一つ一つ排除してきたのは、天命をまっとうするためです。

そうやって食生活を大事にして生きていたとしても、死は私にも訪れます。それを今の私は、まったく恐れていません。正しく生きているのですから、そこに死が訪れるのは、天が決めた命が尽きるためです。天命がやがて尽きるのは人として自然なこと。天命をまっとうできることほど、誇らしい人生はないと思います。

医者のいいなりでは「天命」を生きられない。

二度の脳出血で身体が教えてくれたこと。

私はこのように考えています。「こういう生活をすれば病気になりません。それでも病気になる場合もあるから、そうしたらいらっしゃい。僕が治してあげる」と教えてくれるのが、正しい医者。そして「薬は今の症状を抑えるだけで、完全に治すのはあなた自身の生活ですよ！」と言ってくれるのが、本当の医者だと。

だとしたら、医者が患者を問診する際に、いちばんに尋ねるべきは、この一言です。

「あなたは、どういう生活をしていますか？」

でも、私は近頃の医者からこの言葉を聞いたことがありません。

「具合が悪い」といって受診したら、「では、検査しましょう」と画像検査や血液検査、尿検査を受けさせられる。そして、「この数値が悪いですね」といわれて、薬剤を処方される。数字や画像ばかり診て、「あなたそのもの」を診ることのできない医者に、なぜ大事な身体を託すのですか。医療機器ばかり進化して、医者の腕は明らかに落ちている。

私は、医者を批判したいのではない。病氣になったら、それを治してもらおうと、医者に頼りきりになる患者の心構えを正したいのです。

病氣やケガを治すのは、医者ではありません。医者がやっているのは、病氣を診断し、薬を使って、症状を抑えることだけ。そのために、医者の力を借りるのはよいでしょう。しかし、病氣を治すのは、あなた自身の生活なのです。

このことも、私が85歳になり、多くを経験してきたからこそ、いえることです。

私もこれまでに二度、脳出血を起こしました。最初は70歳中盤の頃、千葉カントリークラブでゴルフをしていたときです。クラブを握るグリップに力が入らないという異常を感じ、現地の小張総合病院で診てもらったところ、大脳に小さな脳出血が起こっていることがわかりました。そのまま10日間ほど入院。退院後は東京逓信病院に通いました。

このときは幸いにも、出血の個所《かしょ》が脳神経から外れ、その傷も小さくてすみました。

「私は、血圧が高くなるような生活は何もしていないと思っていた。しかし、脳出血を起こしてしまった。何が悪かったのですか」

そう医者に尋ねました。医者の答えはこうでした。

「病氣はあなたの責任ではない。心配しなくていい。この薬を飲み続けてください」

医者から処方されたのは、血圧を下げる降圧剤のアダラートとプロブレスでした。ところが今度は80歳を過ぎて、小脳から出血。自宅で倒れ、救急車で町田慶泉病院に運ばれました。小脳出血は前回と異なり、出血個所が大きいものでした。

「あなたが『必要だ』という薬を私はきちんと飲んできた。それなのに、どうして小脳までいかれてしまうんだ。薬はいんちきか？」

このとき、医者はいいました。

「三度倒れたら後悔するでしょう。ですから、薬は飲み続けてください」

「この薬が私の身体にプラスになるんだったら、それをいってくれ。マイナスがあるんだったら、それも教えてくれ。脳出血になったのは先生のせいではない。自分の責任だ。私は、脳出血になるような生活をしているつもりはない。それなのになぜ、再び脳出血になったのか、それを教えてほしい。次は、その生活習慣を改善していきたい」

医者は何も答えられませんでした。

「正しい生活」こそ、身体と心の万能薬

その後、私は薬を飲むのをやめました。それから4～5日後、ふと思い出して薬を飲んでみました。すると、頭がふらふらするのです。「こんな薬を、医者に勧められるまま飲み続けてしまったのか」。薬の副作用とは、自身が考えている以上に大きいものだと実感できました。二回目の小脳出血は、「医者にいわれるままに、薬を飲むのをやめよ」と身体が教えてくれていたのだと理解したのです。

現在、小脳出血も医者からは「治った」といわれています。手足や言語に後遺症もないと思います。「自分は動ける」と思ったほうが〝得〟だからです。体調が優れず、氣が弱ることもありますが、そんなとき、氣を強く持たせてくれるのも、正しい生活です。

「おれは正しい生活をしているのだから、大丈夫」「おれは元氣だ、異常なし！」

正しい生活は、弱氣に勝ち、氣を奮い立たせる力をも持っているのです。

病氣はおのれのわがままから起こる。

病を人のせいにしてはならない。

それでは、病氣やケガを遠ざける正しい生活とは、どういうものでしょうか。

それは、あなた自身がよくわかっていることです。好き勝手な生活は、身体を痛めつけ、疲弊させます。その身体へのわがままを、一つ一つできるところからとり除き、反対に身体が望むことを足していく。正しい生活とは、そうやって築いていくものです。

私も、小脳出血以降、酒を飲むことをやめました。もともと酒はいくらでも飲める体質でしたが、「酒は飲んでも飲まれるな」が亡父の遺言であったため、正体をなくすほどベロベロになり、玄関で眠り込むような酔い方は、若い頃からしていません。そうした飲み方は、早死にを招く原因になります。

酒が好きな人は、リラックスできる程度の飲み方、つまり、ほどほどを心がけること。また、冷たいものは避けること。冷えた飲み物はおいしく感じるでしょうが、健康を害するもとです。胃腸を冷やし、その働きを滞《とどこお》らせるからです。とくに腸は、消化活動の場であるとともに、病氣を治し、予防する人体機能の「免疫」を増進させる場です。免疫力が十分に働いてこそ、自然治癒力は増進します。ところが、冷えた飲み物や食べ物は、腸の働きを悪くし、免疫力をそいでしまうのです。

私も、年齢とともに酒の量をだんだんと減らしていき、最初の大脳出血のあとは、熱《あつ》燗《かん》を1合7勺だけ飲むことを、毎晩の楽しみとしていました。しかし、80代になって小脳出血を起こしました。現役時代から、自分を律して生活することを心がけ、西武監督時代からは食生活にも氣を遣ってきました。大脳出血のあとは、酒の量も減らしたのに、小脳出血が起こってしまった。それは、身体に対する私のわがままがまだ残っていたからでしょう。そのことを病氣が教えてくれたのだと考え、小脳出血を機に、酒をきっぱりとやめました。こんなふうに、今できることを一つの決意とともにとり組んでいくこと。正しい生活とは、そうした方法で築いていけるのです。

医者に病を治す能力はない

病氣になって医療機関を受診すると、

「お大事にしてください」

と決まっていわれます。では、「お大事にする」とは、どういう意味なのでしょう。

「身体を大事にする」というのは、病氣を起こしている間違った生活習慣を正すこと。その過ちを正すよう生活を変えることが、自然治癒力を高め、病氣を治す最高の方法です。それが「身体を大事にする」という真意です。

ところが、その方法を指し示すこともせず、「お大事に」という一言で医者は患者を帰します。こんなのは、おかしいでしょう。

本来の医者の仕事とは、患者一人一人を診て、その心と生活に踏み込み、

「この生活習慣はよい。ここここは悪い。悪いところから病氣はつくられる。元氣で楽しく長生きがしたいなら、身体に対するわがままはやめなきゃならん」

と、「どういう生活をすれば、病氣を治すことができるのか」を語ることです。そして、患者に「天命を生きさせる」ために力を尽くすことです。それが医者の本分です。

しかし、それができない医者が多くなってしまった。医者も勉強不足なのです。私は、「レントゲン撮りましょう」と医者にいわれたとき、よく「レントゲン撮ったら、治るんかい！」といい放ちますが、まともな返事を聞いた試しはありません。「この病氣にはこの薬」「こんな症状を訴えられたら、この検査」というマニュアルにしたがっていたほうが、医者も楽ですし、病院の儲けも大きくなり、合理的です。

現在、日本には「楽して得したい」という手前勝手な考え方が、社会のすみずみにまで広がってしまっています。それは医療界も同じです。

しかし、私たちの天命は、利己主義のもとではまっとうできません。身体に自分のわがままを押しつけて、健康でいられるはずもないし、長生きできるはずもないのです。

あなたの天命はあなたがつくるものですし、私の天命は私が築くものです。現代の医者の多くは、それを手助けする能力を持ち合わせていません。だからといって、病氣やケガをして「医者が治してくれない」と人のせいにするのは卑怯《ひきょう》なこと。病になるのは自分に責任があるのですから、その責任は自らの手で解決していきなさい。

楽してうまくなることは絶対にない。

一つのことをやり遂げてから次に行け。

80歳を過ぎてつくづく思うのは、衰えは足からくる、ということです。脳の大病を二度患ったせいもありますが、若い頃のように走れなくなりました。

ただ、よいこともたくさんあります。年をとると欲がなくなります。そのぶん、頭の中は冴えてきます。冷静な目で世の中を見渡せるようになり、人としての正しい生き方を理解できるようになりました。

現在、「効率よく、最大の結果を引き出す」という合理主義的な価値観を持つ人が多くなりました。目の前の数字と効率を重視する人間ばかりが偉そうに振るまっています。

しかし、そんな生き方は、人として本当に正しいといえますか。「楽して、得しよう」

と考えるのは人間の本能。しかし、人間は理性を持つから偉大なのです。「楽する」ところから、人の成長は生まれません。道理から外れた生き方に正しさはないのです。

これはすべてに通じる道理です。私は野球人ですから、野球を例に語るならば、「楽して強くなることは絶対にない」と断言します。

今は野球界にも「楽してうまくなりたい」という精神の持ち主が多くなりました。しかし、やることをやらずして、うまくなることはありません。反対に、やるべきことをやっていても、上達には時間がかかります。その際、「大変」「つらい」「苦しい」と嘆くのは間違い。やるべきことをやっているのならば、上達を信じ、とにかくやり抜くことです。楽することに逃げた瞬間、上達は遠ざかっていきます。

ところが最近では、「楽すること」を教える指導者も出てきました。ある監督が「走れ！走れ！　とにかく走れ！」と教えたら、トレーニングコーチが「30メートルを10本ダッシュすれば、野球に必要なスタミナはつきます」といったそうです。

野球の基本は、走ることです。暇さえあれば走っている、という選手ほど上達します。もちろんダラダラ走っていては成果は得られません。長い距離を氣持ちを入れてしっかり走り込むこと。そうすることで、下半身は強化され、心肺機能も強くなり、スタミナもつきます。何より、「強くなるために、もっとがんばろう」という精神力も鍛えられます。野球には、そうした地道な努力こそ必要なのです。

ところが、トレーニングコーチは「ダラダラ走っても意味はありません」と長距離走を否定する。当然、選手たちには好かれるでしょう。うまくなるためのトレーニングが30メートルダッシュ10本ですむなら、選手にとってこんなに楽なことはありません。

しかし、苦しい鍛錬を怠る選手にレベルの高い野球はできません。正しく猛烈な鍛錬なくして、人を魅了するようなレベルの高い野球はできないのです。それができるかどうか。そこが並と一流、一流と超一流のわかれ目となってきます。

指導とは根氣と見つけたり

もう一つ、仕事でもスポーツでも、上達を望む人に心してほしいことがあります。それは、「一つのことを完全に消化してから次に進む」ということです。

人には多くのことをできるようになりたいという欲があります。その欲自体は間違ったことではありません。しかし、技術の会得は、一つ一つの積み重ねです。一つの土台が完全に固定されないうちに、次の土台を重ねようとしても、崩れ落ちるだけです。

一つの技を身につけるには、正しく猛烈な鍛錬が不可欠。それをせずして他の技に次々に手を出していったところで、結局は何も得られず終わるのみです。

一つをマスターしてから次にいく。この真剣で積極的で正しい考えが上達を生みます。

これは、教える側の理論でもあります。

「指導とは根氣と見つけたり」

私が指導者として常に念頭においている言葉です。指導には時間がかかります。なんでも一つの結果を出すには、少なくとも半年は時間を要すると考えるとよいでしょう。結果が出るまでは、選手たちからは文句ばかり出ます。しかし、指導者がそんなことにいちいち腹を立て、あきらめないこと。早ければ半年後にはだんだんと結果が出てくることを信じ、どんなに反発されても、根氣よく選手と対峙《たいじ》することです。

指導する者にとっても「楽して上達させる」ことはできない、ということです。

結局のところ、指導とは選手との根比べに勝つことなのです。

相手が喜ぶことをせよ。

そこに本物の幸せがある。

人は誰しも天命を持って生まれてきたことは、お話ししました。その天命を使って、この世界で何をやり遂げるのか。生き方には、人それぞれの考えが投影されます。どんな生き方をしていても、大事なのはただ一つ。それは、楽しむことです。天命を持って生まれてきた、かけがえのない自分の命にできるだけ多くの喜びを与えてあげることなのです。

ただし、「楽《たの》しむ」ことと「楽《らく》する」ことは、同じ「楽」の字を使っていても、根本が違います。「楽する」ことは堕落を生みますが、「楽しむ」ことは心を積極的にし、人生をよりよくします。ただし、楽しみ方を間違ってはいけません。

正しい楽しみ方とは、相手を喜ばせることです。それが自分の心を幸せにします。自分の言動によって、誰かが「わぁ、よかった！」といってくれたら、こんなにうれしいことはありません。そのとき、人は本物の幸せを感じられるのです。

人を喜ばせる方法として、もっとも身近なのは家事でしょう。家事は、生活の基本であり、だからこそ、面倒に感じることも多々あります。しかし、大事な家族を喜ばせることのできる最高の方法でもあります。

私は、家のことはなんでも自分でします。食事の用意も洗濯も掃除もします。妻が骨折をして、長いこと入院生活を送っているためでもありますが、しかしそれ以上に、私が家事をすることで家族が喜んでくれる幸せがあるからです。

午前中と午後、ほぼ毎日自ら運転をして入院中の妻に会いに行きます。そして、洗濯物を持って帰ります。汚れのあるものは浸け置き洗いをします。そうやってきれいに洗い、太陽の光をたっぷり浴びさせ、カラッと乾かして、病室に持っていってあげると、妻はとても喜びます。洗濯物一つから、私が楽しんで家事をしていると感じとっているからでしょう。

もし、私が嫌々やっていたなら、妻は「申し訳ない」と思い、「嫌々されるなら、やってもらわないほうがいい」と不愉快になるはずです。それでは、互いの氣持ちに滞りが生じます。なんでもやるからには楽しむことです。相手を喜ばせようとすることです。それこそ、夫婦円満であり続ける決め手だろうとも、最近は感じます。

現役時代は忙しくて家事に参加できなかった男性も、現役を引退したら家事を積極的にやりなさい。奥さんのやり方を見て積極的に習いなさい。実際に自分でやってみれば、質問ができます。そこから会話も生まれます。しかし、やらなければ質問もできません。すべては思い方一つ。たかが家事とおろそかにするなかれ。家事から人を幸せにし、人生を豊かにしていくことは、いくらでもできるのです。

自分だけ楽しむことに幸福はない

反対に間違った楽しみ方もあります。それは、自分だけが勝手に楽しむことです。たとえば、オリンピック選手や国体の代表選手などが、試合後に「楽しかったです」というシーンを最近よく見るようになりました。あれには「遠足に出かけた子どもでもあるまいし、何を一人で楽しんでるんだ」と、違和感を強く覚えないでしょうか。

国の代表選手は、その強化や派遣の費用として、国民の税金や善意の寄付によって支えられています。そこには「真剣勝負に勝ってくること」という使命があります。多少なりとも責任感のある選手であれば、「楽しい」とか、「楽しむ」という言葉が出てくるはずがないのです。

野球でもサッカーでも、あらゆる競技の動きは、英語の「プレー」という言葉が使われます。「プレー」には「遊び」や「楽しい」という意味が含まれますが、それをそのまま日本語に置き換えることはできません。本当のプレーとは、真剣勝負です。「真剣勝負」とは、文字通り命をかけた戦いです。そういう勝負をしているときに、当事者が「楽しい」という心境になれるはずがありません。

本当の真剣勝負とは、技術を超越した世界です。その超人的な戦いに観客は魅了され、感動し、励まされ、人生の喜びを知ります。そうやって見てくれる人をワクワクと楽しませた先に選手自身の喜びがあり、幸せがあり、報酬があるのです。それが、国を代表する選手の、苦しいけれども真の幸福なのです。

「万物の霊長」というプライドを持て。

自分を律しないと、脳はたちまち堕落する。

何ごとも楽しんでやることが、なぜよいのか。その理由は、もう一つあります。楽しむことは、天命を生きる支えになります。

人は生まれてから死ぬまで、五臓六腑を動かし続けています。五臓六腑に指令を出しているのが、脳です。脳で感じたことは、五臓六腑にダイレクトに伝わります。その時々を楽しむ心は、プラスの情報を脳から五臓六腑に伝達させ、働きを活性化させます。

しかし、脳が怒りや怖《おそ》れ、哀しみなどのマイナスの感情を覚えたら、五臓六腑にもそれが伝わります。こうなると、本来ならば１００の力で働くはずが、50の力でしか動かなくなります。そこから、不調が生じます。その状態が長く続けば、病が起こります。

「心身一如《しんしんいちにょ》」という言葉をご存じでしょう。心と身体は一つにつながっています。脳で感じたことは、身体に強い影響を与えます。反対に、身体の状態は心のあり方を左右します。だからこそ、何ごとも楽しんでやり、せっかくやるのならば「よし、がんばろう」と、尊く、正しく、強く、清く、積極的に動きなさい。それが健康を増進し、天が与えてくれた命をまっとうする一助となってくれるのです。

自然の真理にしたがって生きる

私たち人間も、自然界の一部です。文明社会に生きていると、それを忘れがちになりますが、人の命が地球の影響を強く受けていることは、文明の力では変えられない真実です。ですから、私たちが、〝天の声〟たる自然の真理にしたがって生きることは、医療にも科学にも勝る万能薬となり、命が本来持っている力を湧き上がらせるのです。

文明社会は、「楽をしたい」という人間の甘えを実現させるために、多くのものを生み出してきました。そのために、文明社会にどっぷり浸かって生きていると、人はどうしても堕落しやすくなります。そんななかで、病氣を防ぐためとはいえ、自分を律して生きることは難しいものです。しかし、自分を律する力は、自然の真理を忘れやすい文明社会に生きる者にほど、天命を生きるために欠かせない能力です。

では、その能力を持つには、どうすればよいでしょうか。

「自分は万物の霊長だ」というプライドを持つことです。

身体のどこかに痛みや不調を感じると、「大丈夫かな」と不安を覚えるのは、当然のことです。ぐっすりと眠れている際には、痛くもないし、不安も忘れているはずです。だとすれば、眠っている間は、その不調や痛みは、治っていることになります。極端にいえば、病人でも寝られているうちは生きている証拠です。

人間は就寝中に宇宙のエネルギーを吸収し、身体のコンディションを整えます。その調整術は、あらゆる生物に備わった能力です。ただし、この徳を理解できるのは人間だけ。すばらしく発達した脳が、それを理解させてくれるのです。

ところが私たちの脳は、反面、おのれでしっかり舵取りをしないと、すぐに楽なほうを選びたがります。消極的な思考にも陥りやすく、不安やイライラ、苦痛などを生み出します。すばらしく発達した脳を、このように堕落させてしまっては、もったいないではありませんか。

私たちはこの脳を持つから、万物の霊長なのです。脳を上手に使いこなしてこそ、人間だともいえるでしょう。「万物の霊長」というプライドは、人の精神を強くします。

動物は、ケガをすると、自ら巣に引きこもり、じっと身体を休めて自然治癒力を引き出すことに努めます。自然の真理にしたがって、食べ過ぎたりすることもなく、自然から与えられた本分のままに天命を生きます。動物にさえできるそうした生き方を、万物の霊長たる私たちができないはずがないでしょう。

自分を甘えさせてしまいそうになったら、「万物の霊長である私だ。動物にできて、私にできないことはない」と、脳に強くいいきかせなさい。おいしそうなものをおなかいっぱい食べたくなったときもそうです。「万物の霊長たる私が、欲に負けて食べ過ぎていいはずがない」と思えばよいのです。

そもそも、現代人は栄養過多の状態です。「栄養が大事」と医者はいい、「1日の適正摂取エネルギーは約2500キロカロリー。この適正値を守ることで、健康でいられる」と栄養士は説明しますが、私はこれもおかしいと思っています。

インドのヨガの達人たちは、1日1000キロカロリーにもならない粗食で、すこぶる健康に暮らしています。象のような身体の大きな動物も、草ばかりを食べて天命をまっとうします。現代人のように栄養過多によって身体を太らせることは、命を縮めるもとになる。それは、自然とともに生きる人たちや、自然界の動物たちが教えてくれています。

「万物の霊長」である私たちは、自然にしたがって生きることで、天命をまっとうすることができるのです。

第2章

指導者がすべきこと

巨人軍に入団して3年目、1957(昭和32)年2月に撮影された打撃フォーム。背番号は2。(写真提供:共同通信社)

指導には信念を込めろ。

心ある者は必ずついてくる。

人は必ず育つ。そのことを私に最初に教えてくれたのは、苑田聡彦《そのだとしひこ》（現・広島東洋カープスカウト統括部長）でした。

巨人軍を辞め、指導者となるべく独りアメリカ野球を視察し、評論家となって4年目のことです。当時の広島カープの根本陸夫監督からコーチをやらないかと招聘《しょうへい》されました。「ヒロよ、この連中を一人前にしてくれ」と指名されたなかの一人に苑田がいたのです。

苑田はバッティングや肩はよかったものの、フィールディングはプロと呼べる状態ではありませんでした。私も初めてのコーチ経験であり、彼に伝えられる言葉といえば、「とにかくやれ」「手を抜かずにやれ」くらいしか持ち合わせておらず、ただひたすらに手でボールを転がし、苑田の身体に内野手の動きを叩き込んでいく日々が続きました。

苑田はあきらめずに私についてきましたが、目に見える結果がまるで出ず、私が先にサジを投げそうでした。1シーズンを終え、根本監督に申し出たのです。

「どうにもならんですわ」

そんな私の嘆きは、「ヒロさんの契約はまだ1年残っているだろう。引き続きやってくれ」という監督の短い一言で流されてしまいました。

その少しあとからだったと思います。苑田の動きにだんだんと変化が現れてきました。捕球から送球への流れがスムーズになり、身体の流れが〝すーっ〟と途切れなくなったのです。1年半が経った頃には、私が見ても驚くほどうまくなっていました。

私は、苑田に「なぜ、うまくなったかわかるか」と問いかけました。

「それがわからないのです。無我夢中で一生懸命やっただけです」

「それだ。理屈はいらないから、つまらないことを考えずに、くり返しやることだよ」

その後、苑田は内野のレギュラーポジションをとりました。テコでも動かずどうしようもなかった男がうまくなった。苑田との経験を通し、私自身、多くのことを教わりました。その一つが「人は、信念ある指導によって育つ」ということだったのです。

人は、必ず育つ能力を持って生まれてきています。初めてグローブを手にはめたとき、誰もが同じような違和感を覚え、ボールを受け止める難しさを感じるでしょう。初めは平等で、最初から差別はできないのです。誰が「アイツはダメだ」と早い段階で判断できるというのでしょうか。

すぐに答えを出せる人間が「天才」です。普通はそうでない「凡人」です。「世界のホームラン王」となった王貞治もまた、努力に努力を重ねた野球人なのです。

「人は絶対に育つものだ」という信念は、こうして私のうちに宿りました。

指導とは「点」ではなく、「長い線」

人を育てるというのは、中途半端な覚悟ではできない厳しさがあります。

監督がコーチに「教えたか」と聞くと、コーチは「教えました」といいます。コーチは選手を指導して「わかったか」と聞くと、選手は「わかりました」といいます。しかしプレーをさせてみると、教えたとおりにはできません。教えられたことを頭でわかったというだけで、身体が覚えていないからです。

指導とは「点」ではなく、「長い線」でなければいけないのです。一回教えただけで結果を出せるのは「天才」。プロ野球界に身を置き、また見守り続けてきて70年近くにもなりますが、そんな天才に出会ったことは一度たりともありません。プロの野球人というと、天賦の才能と生まれ持ったセンスの持ち主なのだろうと、みなさんは思うでしょう。しかし、そんなことはないのです。

それを証拠に「長い線」としての根氣ある指導がなくなると、選手の動きは小さくなります。たとえば、ピッチャーならばステップが小さくなります。楽だし、コントロールもよくなるからです。ただし、打者からすると、打ちやすい球が放られることになります。だからこそコーチは、「ステップをもっと広く」とくり返し教え、鍛え続けなければいけません。上達し、勝てる状態を保ち続けるには、教えるほうにも選手にも、根氣と長い時間が必要なのです。

では、その根氣を支えるものは何か。それこそ「信念」です。「この選手を必ず育てあげよう」と、相手を信じ、自分の根氣を信じること。その強い心が人を育てるのです。

「How to do（こうやれ！）」を教えろ。

「How to say（こうなってるよ）」と指摘するだけではダメ。

とくに若手の選手は、一生懸命やってうまくなりたいものです。しかし、どうやればよいのかわからない。だからこそ、教育が必要です。「なぜ、こうしなければいけないのか」「どうすればうまくなれるか」を理解できるまで説明し、根氣よく練習させる。身体が自然とそう動くようになるまで鍛え上げてこそ、「育てた」といえるのです。

その際、重要なのは「How to do（こうやれ！）」で語ること。技術を教えるときには、「こうしなさい」「こうすればうまくなる」という「How to do」を教えるべきです。

ところが今は、「腰が回ってないぞ」「踏み込みが浅い」などと「How to say（こうなってるよ）」と指摘するだけの指導者が多すぎる。それでは、自分の弱点がわかっても、

「どうすればうまくなるのか」という肝心なことがわからない。選手は次にどうすればよいか惑い、能力を伸ばすことができません。そんな当たり前のことを、なぜ指導者がやらないのか。一言でいえば、勉強不足だからです。

「How to do」を指導者が教えるには、野球そのものを十二分に知っていなければなりません。監督であれば、バッテリーのことも、内野手や外野手のことも、バッティングのことも、すべての分野を勉強する。コーチであれば、担当する分野を深く掘り下げて学びとる。確かな知識に基づき、「こうすればうまくなる」と信念を持って教えられてこそ、真の指導者です。そのうえ、「How to do」で語るには、選手一人一人をしっかり見ている必要があります。選手にはそれぞれ特徴があり、「こうすればうまくなる」という方法は人によって異なるからです。

私がコーチや監督だったときは、「おはようございます」と選手がグラウンドに入ってきた瞬間から一人一人を見ていました。歩く姿で、「ああ、こいつはちょっと故障してるな」「体調が悪いな」「疲れてるな」「身体が重くなったな」などが一瞬にしてわかる。グラウンドに立ったら、選手と同じく、指導者にも怠ける暇は一瞬もないのです。

それなのに最近は、じっと黙っているのがよい指導者だという傾向が強まってきたように感じます。一見、選手の自主性を尊重しているふうに見えますが、そんなに格好いい話ではないでしょう。そうしていたほうが、指導者にとっては楽なのです。巨人などは、「巨人のコーチ」という名前がほしい、ステータスがほしい、という指導者が多いように思えてなりません。人間、「楽《らく》」を選んだら、その先の成長は望めません。

アメリカの野球がおもしろいのは、選手がコーチを使うところにもあります。選手自ら「教えてください」と頼みに行く。「How to do」で教えられるコーチが人氣で、そのノウハウを持たないコーチにはお呼びがかからないので、すぐにクビです。

指導者は責任をとれ

もう一つ、指導者が「do」ではなく「say」で語りたい理由があります。

それは、「責任をとりたくない」という心理が根っこの部分にあることです。

「How to do」の言葉には、その人間の信念と責任がこもります。「おれのいうことを聞け。そうすれば必ず勝てる」といって教えるのが「How to do」です。それでうまくいかなければ選手には嫌われ、クビにもなる。「How to say（こうなってるよ）」ならば、現状を伝えるだけだから、言葉に責任の重みを込めずにすみます。

しかし、選手に大事なことを教えられずに去るのと、野球人として必要なことを教え込んでから去るのでは、指導者としての価値はまったく違ってきます。

最近では、「一生懸命やって、監督を胴上げしたい」と選手が軽々しくいうようになりました。この考えは絶対間違っている。試合で選手を勝たせるのは、監督やコーチの仕事です。監督が選手のために働くのであって、それが反対になってどうするのか。

監督やコーチは、チームを勝たせ、選手の価値を高めるためにいるのであって、選手に迎合するためにいるのではない。「あれやれ」「これやれ」と選手に厳しい練習を課しつつ、「こうすれば勝てるんだ」と「How to do」を教える。そうして根氣よく指導を続けたとしても、半年では答えは出てこないでしょう。

選手は、指導者を白い目で見るようになります。悪くもいわれます。何をいわれようと知らんぷりをしながら、「こうすれば勝てるんだ」という信念のもとに指導を続けます。その先にこそ勝利があります。偉大なる結果とは、そうして生まれてくるのです。

「革命」を起こせ。

常識どおりにやろうと思うな。

私は1976年にヤクルトスワローズの監督になって2年目に日本一となり、1982年には西武ライオンズの監督になって1年目に日本一になりました。

私の監督としての仕事のあり方は、それまでの野球界の常識からかけ離れたものでした。周囲からは異質ととらえられ、マスコミは「管理野球」と騒ぎ立てました。

しかし、それはマスコミが好き勝手にいっていたことです。私は選手たちを管理しようとしたのではありません。監督になってとにかく腐心したのは、「教育」です。

「管理」という言葉には、「強権」とか「強制」とか「締めつけ」などのイメージが強くあります。一方、「教育」とは個人の能力を育てるものです。指導者は、どの言葉を意識の根本に置くかによって、やり方がまるで違ってきます。

ただ、人を育て、チームを育てるための教育の現場では、それまでのやり方をガラリと変えなければならないことが多くあります。それが周囲との軋轢《あつれき》を生み、選手のなかには「管理されている」と不満を持った者がいたのも事実です。

たとえば、優勝を争う常勝チームの選手、とりわけ主力選手は、ペナントレースの終盤まで責任感を持って肉体を動かします。ところが、万年下位といわれるような弱小チームの選手は、順位のめどのついたシーズン後半にはほとんどがだらけてきます。緊張感を欠いた、おざなりのプレーが続出します。オフシーズンのゴルフや釣りが話題になります。野球という本分よりも遊びに氣持ちが移ってしまうのです。こうした状態を黙認している限り、下位チームはいつまで経っても上位にはのぼれません。下位チームが優勝を目指すには、選手たちの教育と、それを行うための「革命」が必要なのです。

私が監督に就任した頃のヤクルトは、まさにこのような状態でした。

私は、ヤクルトの監督に就任後、年中無休の練習に挑戦しました。選手が心待ちにしていたオフシーズンをなくし、野球漬けで身体を鍛え直すことにしたのです。また、麻《マー》雀《ジャン》や花札、ゴルフも禁止し、練習休みの前日の夕食時を除いて原則禁酒、ユニホーム姿でのタバコも禁止、練習中の私語も禁じました。プロの選手としての自覚と責任感を持たせるには、本人たちに意識革命を起こすことが、必須事項だったのです。

ヤクルトの選手のなかには、本氣で正しい野球にとり組めば、スターになれる素質を持った者が何人もいました。将来、指導者になれる器の選手もいました。彼らに教育を施さないのは、そうした能力を引き出せないまま、飼い殺しにすることを意味します。そうなった選手は氣の毒です。プロ野球の本当のあり方、プロ選手としての本当の喜びや悲しみを知らずに選手生活を終え、第二の人生を歩まなければいけないのです。

「一度縁があった選手は真剣に育てよう。本氣でやり抜いてダメだったら、そのときには自ら引導を渡す。こっちも本氣で教育するのだから、恨みっこはなしだ」

そんな信念のもと、選手と対峙《たいじ》し続けました。

「革命」が常勝軍団をつくる

当初、選手たちからは文句ばかり出ました。でも、私には「それで選手が育つ」という信念があります。信念があるならば、絶対に負けてはいけません。へこたれずにとり組んでいれば、選手は上達し、チームはだんだんと勝てるようになっていきます。すると、おもしろいことに選手たちは「革命」を自らの手柄とし、「こんなにがんばった結果だ」と自負します。選手たちに「勝てる」という自信がついてくればしめたもの。チームは連勝できるようになり、常勝軍団へと成長していくのです。

技術的なことは、やる氣を持って根氣よく訓練すれば上達します。問題はどうやってやる氣にさせるかです。私はベテランの選手とも、「なんのために」「そのためにはどうすればよいのか」と基本から一緒に考え、「だから、こうすれば、こうなる」と、答えを引き出させながら練習しました。そうやってこそ、選手は初めて「正しい答え」を体得できます。これが「管理」でしょうか。「教育」という2文字以外ではあり得ません。

性急に結果を求めて小手先だけで行うことは、教育ではありません。常識どおりにやっていては、優れた能力を引き出すこともできません。教える側にも教えられる側にも、根氣と辛抱と新しいことへの挑戦があってこそ、「選手を育て、チームを常勝軍団にする」という真の勝利に到達できるのです。

監督は先頭に立って動け。

選手はその背中を見て動く。

監督がベンチに引っ込んでいるようなチームは強くなれません。ベンチの前に立って、グラウンドをグーッと見据えていてこそ、監督です。監督がそうするのは、采配のインスピレーションを働かせるためです。

私の場合、春季キャンプで選手たちに必要な技術をすべて教えます。それをサインにします。プロ野球のサインは、ご存じのとおり非常に複雑です。試合では、そんなサインをパッと出さなければいけない。その瞬時の判断とは、グラウンドを見据えていなければ、行えるものではありません。

この1球でワンスリーになったらこうする、ツースリーではこう、ボールならこうというシミュレーションがすべて頭のなかにできあがっていて、それを瞬時の判断でサインにして示すのが監督の采配です。サインが遅れたり、乱れたりすることは、勝利から遠ざかることを意味します。それほど、サインはスピードが重要です。

ところが現在は、そのサインさえ、自分で出さない監督が多くなっています。コーチに出させているのです。監督という立場でありながら、自ら判断を下さないのは、「采配」というもっとも重要な仕事を放り投げているのも同じです。それではチームの士氣が下がり、勝つことはできません。

選手たちは、監督が先頭に立って試合に臨む姿を見ています。その鬼氣迫る姿が「監督がこれほど勝負に本氣なのだから、自分たちもがんばらなければ」と、選手たちのやる氣を引き出すのです。

そんなこともわからずに、ベンチの奥に引っ込んでいるのは、監督として感覚がずれてしまっている証拠です。上に立つ者の感覚がずれてしまっては、組織を正しい方向に導き、チームに勝利をもたらすことなどできないでしょう。

最近では、試合中に監督がマウンドに向かう姿もあまり見かけなくなっています。あるコーチに「どうして監督がマウンドに行かないんだ」と尋ねたことがあります。「監督はマウンドに行ってはいけないとでも、ルールが変わったのか」と。

そのコーチいわく「僕もそう思って『たまには監督が行ってください』と頼んだんです。そうしたら『何をいえばよいのかわからない』といわれたのです」。

現在の野球界は、一事が万事、こんな感じです。監督がマウンドに行って果たす役割といったら、一つしかありません。勝負の真っ最中に、投球技術を教えに行くわけではない。投手に氣合を入れに行くのです。

監督は敵に立ち向かう背中を示せ

私も監督時代、「やる氣がないなら、マウンドから下ろすぞ！」と、幾度も投手に発破をかけに行きました。投手はマウンドから離れたくありません。だからこそ、その一言が「なにくそ！　出されてなるものか」と発憤させます。

そうやって必死に闘った選手が帰ってきたときには、「やればできるじゃないか」「よくやった」と声をかける。選手に発破をかけるのも、選手の功績を讃《たた》えるのも、上に立つ者の重要な仕事です。そして、「発破をかける」「褒める」という2つをうまく使いこなすことは、選手の心を勝利に強く向かわせていく秘訣ともなるのです。

2017年の今年、高橋由伸《よしのぶ》監督率いる巨人軍は低迷を続けています。私がこの原稿を書いている9月の時点で、Aクラス入りも危ぶまれています。高橋は複数年3年契約の監督です。「3年目は必ず優勝させます。できなかったらクビにしてください」、指揮官なら、そう宣言すべきです。その覚悟がなければ、監督を引き受けるべきではない。

監督が正しい采配をするには、全体を見極めて判断できるように、ふだんからコーチたちと意見をとことん交わすこと。そのうえで、「よし、それでいこう」と判断は自ら下す。「先頭に立って動く」とは、責任をおのれに課すことです。

指導者になったのならば、責任の重さを恐れたりせず、誰よりも強い氣持ちで敵に立ち向かっていく背中を示さなければいけません。

また、「おれはこういう野球をしたい。そのためにはこういうチームを、こうしてつくる」というビジョンをコーチや選手たちに明確に伝えなさい。そんな指導者の強い姿が、チーム一丸となって戦い抜く原動力となるのです。

基本を身体に刻み込ませろ。

指導が自己流になってはいけない。

監督が行う用兵や選手育成法には、それほど特異なものはありません。ゲームを勝利に導くにはどうすればよいか。それは、選手の技術的なレベルや試合の展開しだいで、いく通りもの方法を持てます。だからといって、千差万別というほどではないのです。

野球を含む、あらゆるスポーツには、戦いの定石、つまりセオリーがあります。そのセオリーを基礎にして、大局に応じた人の動かし方を実践していくことになります。

つまりセオリーがある以上、野球の場合、監督を誰がやっても奇想天外の用兵などありえないことになります。もちろん、セオリーを無視した策を用いて奇襲作戦を決行することもあります。ただ、奇襲が成功するのはごく限られた場合のみで、毎度、役立つものではないのです。そもそも奇襲を多用すれば、それはもはや奇襲ではありません。

では、セオリーがあるのに、監督は何を選手に教育するのでしょうか。

私は、基本を選手の身体に刻み込ませることが真の教育と考えます。基本が身についていれば、プレーに正確さが出ますし、そこから応用動作に発展させることも簡単です。プロであっても基本ほど大事なものはありません。むしろプロの選手こそ、当たり前のことを当たり前にできる能力が必要なのです。

ところが、そうは思っていない選手がいます。基本を強調すると、「そんなこと、わかってるよ」とふくれっ面をします。そんなときに、指導者はどう対応すればよいのか。

「あれこれ考えずに、とにかくやってみろ」

この一言を伝えなさい。どんなに反発されようと、まずはやらせてみるのです。

頭でっかちな者ほど「今さら基本なんか練習して何になるんだ」という態度をとるでしょう。でも、頭でわかっていることと、身体で表現できることは違います。実際にそのとおりにプレーできなければ、知らないのと同じです。それも数回できたというだけでは、わかったとはいえません。何度やっても、その基本動作を正確にくり返せる。そのくらい身につくまでは、真にわかったことにはならないのです。

野球のプレーとは、条件反射のように瞬間的に動かなければならないものがほとんどです。無意識のうちに身体が即応して動くようにならなければ、とっさの場面で生かすことができません。

では、基本動作を身につけるためには、どうしたらよいのでしょうか。

答えは一つ。反復練習です。選手はくり返し練習すること。「こんなことが本当に役立つのか」という疑念は上達の妨げになるだけですから、捨てることです。

それも、基本から外れた反復練習では意味がありません。選手は、基本動作に慣れてくると、すぐ難しいプレーに挑戦したがります。そのほうがおもしろいからです。しかし、基本から外れたプレーをくり返せば悪いクセがつき、逆効果ともなります。

基本の反復は単純な動作のくり返しですから、選手にとっておもしろい練習ではありません。基本の訓練の必要性を理解できない選手には、苦行にも感じられるでしょう。

通常、人は苦しさより楽を選びます。プロの選手であっても苦行から逃げ出そうとする者もいます。そんなときにこそ、指導者はその練習の必要性を言葉にして伝えなさい。

そして、「これを習得したら、おまえは絶対にうまくなる」とやる氣を奮い立たせ、選手の身につくまで練習に根氣よくつきあうことです。

基本に勝る練習はない

私は、内野手にこんな練習をよくさせます。内野手が捕る球の多くはゴロであり、エラーを起こしやすいのもゴロです。ゴロをしっかり捕り、送球してアウトをとるのが、内野手としての重要な仕事です。そこで、私が球をコロコロと転がす。選手はそれを素手で捕球し、流れるような一連の動作で送球する。グラブを使わず、素手で捕球することは、捕球の原点を心にも身体にも再確認させるうえで非常に有効なのです。

まるで園児のお遊びのようですが、基本を身につけるには、プロとはいえここから始めることがいちばんです。ポイントは、身体の正面でボールを受けること。これこそが捕球の基本であり、身体に教え込ませるべきことです。

私が考案したこの捕球練習は、メジャーリーグのドジャースでも実践されています。メジャーで活躍する選手にとっても、基本に勝る練習はないということです。

理論は超越しなければいけない。

そのために特打・特守などの練習がある。

もし、理論だけで社会が動くならば、利口な人ばかりが頂点に立つようになります。しかし、実際は違います。尊敬される人物とは、理論を超越できた人です。どんな人かといえば、「わかりました」とはすぐにいわない人。自分が納得できるまで一つのことを突き詰めてやり、頭で考えずとも身体が動くようになるまで経験を積んだ人物です。

野球ならば、理論で上手になるのだとしたら、六大学野球で東京大学がいちばん強いことになります。東大の選手や監督は、話していてもやはり頭がよいのがわかります。ただ、私にいわせれば、小利口な人が多い。東大の監督に電話をして、「頭ではわかっても、練習せな、身体が覚えるかい。よその学校は、頭では東大にかなわんと思って、身体に覚えさせるために、お前らの何倍も練習しとるよ」。

そういうと、「いやぁ広岡さん、練習は大切だ。わかりました！」というのです。

今、東大の宮台《みやだい》康平投手が注目されていますが、理論が先立っているのがわかります。身体の軸がぶれた、変則的な投げ方です。基本の練習をせず、センスだけで投げているのでしょう。現在は速い球を投げられていますが、身体に不自然な負荷をかける投げ方のままプロ入りすれば、近い将来、身体に痛みが出て、やがて投げられなくなります。上のレベルを求めるならば、一度基本に戻って猛練習することです。それを根氣よく指導し続けるのが、周囲にいる監督やコーチの役割です。

理論を理解しただけで「できる」「わかった」と思うのは間違いです。理論は超越しなければいけません。そのために練習があります。理論を頭で考えているうちは、何ごともうまくはなりません。反復練習によって理論を身体に覚えさせてこそ、「わかった」「理解した」といえるのです。野球の特守や特打もそのためにあります。

特守は千本ノックとも呼ばれます。初めはスタンドの目も意識して、かっこよく捕り、投げようとしますが、やがてフラフラになり、飛んでくる球を見るのがやっとになります。球以外は何も見えなくなり、無我夢中でボールに飛びつくだけのくり返しになります。そのときに余分な力が抜け、身体が本来の守備のあり方を覚えるのです。基本とは頭で覚えるのではなく、汗とドロにまみれて身体に覚えさせてこそ身につくものです。

特打も同じです。初めは元氣ですし、周りによいところを見せようと力が入りますが、疲れてくると、やがて球だけしか見えなくなり、ただ来た球を打つだけになります。この状況と境地に入ると、全身の余分な力が抜け、スコーン、スコーンとよい当たりが出始めます。これが大事なのです。10分や15分の練習では、この境地には入れません。

退路を断たれたとき、人間は理論を超える

「打撃の神様」と呼ばれた川上哲治さんも、スランプになると若い投手を2～3人連れて多摩川球場（当時の巨人練習場）へ行き、カーブばかり投げさせました。初めは打ち損じもありましたが、そのうちにカーブが曲がる瞬間、ボールが一瞬止まって見えるようになったそうです。この伝説は、私も本人から直接聞きました。

「ヒロ、バッティングというのはな、来た球をポーンと打つんだ。カーブはな、こうやっ

てこう来たら、球が止まったときにポーンと打てる」

西武監督時代、この話をベテラン主砲の田淵《たぶち》幸一にしたことがあります。特打のはずが、15分もしないうちに帰ってきたからです。「おう、どうした。特打だろうがい」といったら、「いや、15分打ちました」というのです。

「天下の川上さんだって、特打では1時間半は打ちまくり、打撃のヒントをつかむまでやめなかった。おまえは西武の4番を打つ男だろう。打って打って打ちまくる体力をつけろ。そうせんと、引退後、指導者になってから何を教えるんだ」

その話をしてから、特打の時間が30分、1時間と延びていきました。

理論を超越する。それは並大抵の努力でできることではありません。しかし、「一流」と呼ばれている人は、それを不断の努力でやってのけている。苦労せずに結果を出したいと思うのは人間の本能ですが、本能のままに生きていては、人は成長できないのです。

理論はもちろん大事です。私も現役時代から、常に勉強する姿勢を忘れず、打ち方、捕り方、守り方のすべてを理論で説明できるようにしてきました。しかし、理論だけでは勝てない。それを超越して、無心でプレーできてこそ、理論は生きるのです。

選手には責任を自覚させよ。

監督が信頼感を示せば、選手は結果を出しやすい。

ヤクルトの選手に、雄平《ゆうへい》外野手がいます。2017年6月に右手を骨折し、9月現在も欠場していますが、彼はヤクルトのクリーンナップ（＝3番、4番、5番打者）を打つ男です。クリーンナップとは、英語で「clean up」。塁上の走者をホームに還してきれいにすることを役目とする打順です。私は、雄平とこんな話をしたことがあります。

「お前ね、なんのためにクリーンナップを打たせてもらっているか、わかっているか。クリーンナップは前後の打席とは違うんだぞ。それは、クリーンナップを打てる男だからだ。最悪でも前に進めよ。その能力があるからクリーンナップになっているんだ」

こういうと、雄平は「ハッ」とした顔をしていいました。

「こんなことをいってくれる監督は今までいませんでした。お前は調子がよいから4番を打て、としかいわれませんでした」

この答えを聞いたとき、私は残念な氣持ちになりました。選手は、自らの役割を自覚したとき、その責任感から結果を出すようになります。その意義を理解し、理論的に選手に語って聞かせられる指導者が、今、いなくなってきました。

たとえば、クリーンナップの打者にサインだけ出して送りバントを命じるのは、愚の骨頂です。監督が選手を呼んで、「バントしてくれるか、それとも打つか。お前が決めろ」と言えば、選手は監督からの信頼感を自覚でき、自信を持ってプレーできます。

それを「調子が悪いから」という理由で、7番8番に回す監督がいる。それはその選手の値打ちを殺すことに等しい。クリーンナップの選手の調子が出ないのは、おのれの位置づけと責任を自覚できていないからです。つまり、監督がそれを明示してやっていないのです。もし本当に能力が衰え責任を果たせない状態にあるならば、そのときこそトップに立つ者が「辞めてくれ」と引導を渡すことです。人間、退路を断たれたとき、「なんとしても負けるものか」と発憤し、理論を超越する原動力を持てるのです。

開幕ピッチャーにしてもそうです。開幕ピッチャーという大仕事をやり抜くために、一生懸命に練習している投手がいるならば、「おまえがやれ」と監督自ら指名してやることです。そうすれば、その投手には「監督に認められている」という自信と責任感が備わり、能力を自ら伸ばします。ところが、開幕ピッチャーを対戦相手との相性で決める監督がいます。そんな無責任なことをしてはいけない。選手たちは、いちばんに自分たちを見てくれない監督にがっかりし、彼らの信頼を一氣に失うことになるでしょう。

コンプレックスは、プライドを持たせることで払拭させよ

選手たちに責任感を持たせるためには、指導者自身が自らの言葉に責任を持つ必要があります。私がヤクルトの監督に就任したとき、選手たちは「巨人コンプレックス」の塊でした。優勝ではなく、巨人に勝つことを目指し、巨人との対戦に全精力をつぎ込んでしまうのです。だから、次の対戦相手には連敗する。ヤクルトが優勝を目指すには、この巨人コンプレックスをとり除くことが不可欠でした。

コンプレックスを払拭《ふっしょく》させるには、プライドを持たせてあげることです。私は、「メ

ジャーとキャンプをした」という事実で、選手たちのプライドを高めさせようと考え、当時の松園尚巳《ひさみ》オーナーに「アメリカでキャンプをさせてください」と直談判しました。するとオーナーは「ブラジルならいい」という。「ブラジルにはヤクルトの工場がある」というのです。「ブラジルでは意味がない」というと、オーナーはいいました。

「じゃあ、アメリカでキャンプをして、優勝できなかったらどうするんだ」

「私が責任をとって辞めます」

そう応えると、「そこまでいうなら、わかった。行って来い」となり、サンディエゴ・パドレスのキャンプ地であるアリゾナ州ユマにて、ヤクルトもキャンプを行うことになったのです。この経験は、選手たちにとって大きな刺激となりました。その年、ヤクルトは球団初となる日本一を勝ち取ったのでした。

指導者たる者が、責任を要する言葉を自ら語らないのは卑怯です。いわなければ責任をとる必要はありませんが、いえば責任が出てくる。それは当然です。しかし、結果を求めるならば、それ相応の責任を覚悟すべきです。そのくらいの決心がなければ、大事な選手を預かるべきではありません。

好かれようと考えるな。

嫌われてもやるべきことを教える指導者になれ。

「彼を知り、おのれを知れば、百戦殆《あやう》からず」

孫子の兵法の一節です。あらゆる戦いにおいて、勝つための基本といえるでしょう。

勝つためには、敵とおのれを知ることから始めることです。私が監督になっていちばん先に行ったのは「おのれを知ること」。つまり、チームの選手たちを知ることでした。

私にまかされ、預けてもらった全選手の能力を、正確に見定めること。それは、技術はもちろん、生い立ちや性格にまで及びます。選手の全人格といえるほどのものでなければ、正確を期しがたいためです。

選手の性質を正確に把握していれば、選手の起用を適正に行えます。反対に、彼らの性格を知っておかなければ、起用法を間違えることも出てきてしまいます。

たとえば、図太い性格の選手と緻密な頭脳を持つ選手とでは、起用法に当然違いが出ます。初歩的なことをいえば、強氣の選手と弱氣の選手では、起用法も変わるでしょう。

これは、指導の場面にも通じます。技術的な欠陥や長所を知っておくことはもちろんですが、生い立ちや性格を知っておけば、その選手に適した指導法を選びとれます。

ただし、それは選手のためチームのために行うものであって、選手に好かれるためではありません。「好かれたい」という氣持ちが上に立つ者に出てきてしまうと、選手に甘くなり、正しい教育をできなくなります。それが、本当に選手のためでしょうか。

たとえば、罵声《ばせい》を浴びせ、突き放せば「なにくそ」と奮起して立ち向かってくる性格の選手がいます。そんな選手には、心を傷つけないギリギリのところの言葉を選んで罵倒します。すると「あいつに勝手なことをいわせまい！」と目の色が変わります。

反対に、一喝しただけで萎縮《いしゅく》し、立ち直れないような性格の選手もいます。研究熱心で内向的な性格の持ち主もいます。そうした選手に発破のかけ方やアドバイスのしかたを誤ると、大変です。とたんにスランプに迷い込みます。あれこれと深く考えすぎて、自ら迷路に踏み込んでしまうのです。そうした選手は、褒めれば褒めるほど調子をあげていくタイプが多いものです。そんなときには、褒めてあげればよいのです。

そうしたことを把握していてこそ、正しい指導も、的確な用兵も実行できるのです。

選手を正確に知れば、能力を引き出せる

ヤクルトでの監督時代のことです。バスでの移動後、「練習を始めるぞ」と声をかけても、若松勉外野手（ヤクルト元監督）だけ出てこないことがありました。「何をしとるんだ」と問うと、「僕は足が痛いから、テーピングして、ゆっくりさせてもらったんですよ」と答えました。プロの選手がそんな甘いことで勝ちを望めるでしょうか。

「何をぬかすか！　お前なんか、他のチームに行ったら補欠だ！」

私は、そう叱り飛ばしました。すると、若松は猛然と怒った。足が痛いといっていたはずなのに、他の外野手と一緒に走りまくったのです。若松はそれから私の味方になりました。「広岡に文句をいわせてなるものか」と考えたのでしょう。その強い思いを原動力に何ごとも率先してとり組み、チームを率いてくれるようになったのです。

あるとき、若松についてコーチが「レフトがへたで困るんです」と相談してきました。レフトは、投手の配球がインコースかアウトコースか見えないため、初動が遅くなります。しかし、センターからは見えます。「若松の機敏性を生かすにはセンターがよい」とコンバートしました。すると、ダイヤモンドグラブ賞（現・ゴールデン・グラブ賞）をとったのです。選手の性質を正確に知れば、能力を格段に高く引き出せるのです。

また、野球では若くしてクビになってしまった選手2人を、プロゴルファーにできないかと頼まれたことがありました。

「技術の訓練は専属のプロにまかせてください。私は身体づくりをしましょう」

以降、2人に課した日課は、まず早朝に起きて素足で20キロ走り、シャワーを浴びて朝ご飯を食べる。1時間半休憩したら技術の訓練を受ける。その後、走り込みなどのトレーニングを行う。規則正しくきちんとした生活のなか、厳しくてもトレーニングをしっかり積み上げること。嫌われても、トレーニングをゆるめることはしませんでした。人はそうした教育によって変わっていけるという信念が私にはあるからです。

その2人は2年後にプロゴルファーになる夢を見事叶えました。

育てながら勝て。

「育てる力」が組織成長の原動力となる。

最近のプロ野球で氣になる選手の一人に、日本ハムファイターズの大田泰示《たいし》外野手がいます。ドラフト1位で巨人に入り、松井秀喜の背番号「55」を受け継ぎ、大型新人と注目されたものの一軍に定着できず、7年後の2016年に日本ハムに移籍しました。

大田は肩がいい。守備もまだまだやるべき課題がたくさんある。「私がコーチならば、大田を化けさせてやれるのに」と思わずにいられない選手の一人です。彼は能力がないのではなく、人がよすぎるのです。その人のよさを上手に活用し、「なにくそ！」と発憤させてやることができれば、伸びしろの大きい選手です。しかし、巨人はその伸びしろを育てられないまま、他球団に放出してしまいました。

いまのプロ野球界には、そんな選手がゴロゴロといます。能力を引き出してくれるよい指導者に出会えないまま、プロ野球界を去っていく若者の姿を見ていると、いたたまれなくなります。今年２０１７年、クビになった選手にも大変な才能の持ち主が大勢いました。正しい教育を受けられれば大型選手と讃えられ、今も野球界で活躍していたことでしょう。

なぜ、選手にとってこんなにつらいことが起こっているのでしょうか。野球界に「育てる力」がなくなってきているためです。

巨人は球界の盟主といわれる球団です。新人の育成を含む戦力のアップ、監督とコーチの人選、球団社長と代表らフロントの編成などすべてにおいて、なるほど巨人はしっかりしていると思わせてこそ、盟主の名に値します。

ところが、現在の巨人は違います。その名からおよそかけ離れたことばかりです。巨額な資金を武器に、他球団の主力選手をＦＡ（フリーエージェント）やトレードで次々と引っ張ってきて、巨大戦力であふれています。結果を出した選手を集めれば、常勝軍団になれると勘違いしているのです。これの裏を返せば、若い選手を鍛え、育てるという意識を捨て去ってしまっていることを示しています。

もはや、巨人から生え抜きの選手を育てる意識は感じられません。他球団の手本となるものも持ちあわせていません。フロント首脳にしても、オーナーに対してイエスマンばかりで固められています。正直、〝情けない〟といいたくなる状況なのです。

カネですべて解決する方法は、堕落以外の何ものでもありません。努力の意味を失ったら、他人の畑がよく見えて欲しがるだけの世界があるのみです。それは、多くの人の夢を踏みにじる世界です。ファンや野球少年たちに夢を見させてなんぼのプロ野球界が、その役割をはたさずして、どうしておもしろい試合ができるのでしょうか。それができていないから、野球離れが進んでしまうのです。

プロ野球で結果を出すには、手順があります。まずはドラフトで獲得した新人選手をしっかり育てること。これには年単位の時間がかかります。よい仕事をしてくれる人材を育てるには、時間がかかって当然です。教える側も教えられる側も、芽が大樹に育つまで辛抱して根氣よく練習とトレーニングに打ち込む。そうしてこそ、球団を代表する生え抜きの選手を育てられるのです。

複数年契約は怠慢を生む

こんな根本的なことも忘れ、即戦力を求めて球団は大型トレードをくり返しています。フロントの経営感覚はほとんど無能としかいえません。すぐに答えが出る選手は天才です。天才を獲得するには、法外な金銭の出費が伴います。その天才が必ずよい仕事をするかどうかは、保証の限りではありません。

これは、全球団にいえることですが、年俸をアップする契約更新のシステムが間違っているのです。高額年俸を維持する複数年契約は怠慢を生むだけです。

オリックス・ブルーウェーブから阪神タイガースに移籍した糸井嘉男《よしお》外野手は、契約年数4年、年俸総額は推定18億円以上です。ところが、春季キャンプでは「足が痛い」という理由で他選手と一緒に練習をしていません。もっとひどいのは、松坂大輔投手でしょう。3年12億円という大型契約でソフトバンクに移籍したものの、手術をくり返し、いまだ満足な働きをしていません。これらはほんの一例ですが、こんなことをくり返していては、球団だけでなく野球界そのもののクビをしめるだけです。

二軍は「ファーム」とも呼ばれます。選手の育成の場という意味です。ファームの選手たちは、常に苦しい思いをしています。一軍にはい上がることを目標に、日々必死になって練習に打ち込んでいます。一軍から大型選手が退団すれば、「よーし！　オレにチャンスが巡ってくるぞ」と意氣込みます。それなのに、よそから一軍入りを約束した選手を大枚をはたいて獲得してきたら、ファームの選手はどこに希望を持てばよいのですか。その状況は〝飼い殺し〟というほかありません。

選手を育てるには時間がかかります。しかし、人は必ず育ちます。指導者が正しく導いていければ、必ず育つのです。そうして根氣よく育てながら勝てるチームづくりをしていきなさい。

余談になりますが、私はクライマックスシリーズ制にも反対です。1年間の死闘を制したセ・パ両リーグの王者が、日本一をかけて日本シリーズを戦う、これが正しい姿。いったいなぜ、敗者復活戦もどきの値打ちのない試合をする必要があるのでしょうか。これも興行収入やテレビ中継など、〝カネ優先主義〟が野球をつまらなくしている一例です。

第3章

「人を育てる」とは

1963年10月、セ・リーグ優勝表彰を終え背番号16の川上哲治監督(右)とトロフィーを引いて後楽園球場内を一周。(写真提供:日刊スポーツ/アフロ)

一流選手、必ずしも一流の指導者ならず。

指導者になるなら、そのための教育を受けよ。

私は1966（昭和41）年に13年間の現役生活に幕を下ろしました。翌年2月、野球における誰にも負けない視点と知識を身につけようと、本場の野球を勉強しに単身渡米しました。固定相場で1ドル360円の時代、預金を崩しての自費留学でした。

ハワイから名門サンフランシスコ・ジャイアンツのキャンプ地・アリゾナ州フェニックスを経て、フロリダ州ベロビーチのロサンゼルス・ドジャースのキャンプ地で過ごしたあと、レギュラーシーズン（公式戦）の数々の試合を観戦・研究し、メジャーリーガーの人材源となっている中南米にも行きました。この4カ月間のメジャー行脚が、私の監督人生の礎《いしずえ》となりました。日本では学べない多くのことを学びとりました。

あれから50年以上が過ぎます。いまだ日本には、現役を引退してから監督やコーチになるために勉強する場が設けられていません。

一方、アメリカには、マイナーリーグがあります。マイナーリーグは、最下層のルーキーリーグから7段階にクラス分けされています。人を育てる立場の者も、1段階ずつ上を目指して勉強していきます。つまり、有名無名を問わず、指導者として能力のある人間がはい上がっていく、非常に公平かつ厳格なルールが敷かれているのです。

ですからアメリカには、スーパースターで現役を退いたあとに監督になる選手はほとんどいません。「オレは稼ぐだけ稼がせてもらった。あとは家族を大事にすることに人生を使う」といって監督を目指さないからです。

ところが、日本は違います。過去のスーパースターを、そのまま監督に据えてしまう。「プロの選手を育てる」という根幹の勉強も経験も積まないまま、有名で人氣が高く、お客さんが呼べるという理由だけで、選手たちのトップに躍り出てしまう者が多すぎます。そんな人が本当に選手の能力を引き出し、育てられる指導者になれるでしょうか。

これはお客さんをバカにする行為だとも私は思います。試合に負けたとしても、スーパースターが采配を振るったのならば、お客さんも許してくれるとフロントは勘違いしているのです。しかし、観客が本当に求めているのは、わくわくハラハラするような魅せる野球であり、ピンチからも勝ちに転じていけるような強いチームのはずです。

こんなことがわからないのは、フロントが愚かだからとしかいえません。

指導者育成の場をつくれ

以前、巨人軍監督の原辰徳が退任し、堀内恒夫が新監督に就任する際、2人がセットにされて記者会見を行ったことがありました。2人の間には、読売新聞グループ社長（現・代表取締役主筆）の渡邉恒雄オーナーがでんと構え、しれっとした顔でいいました。「今回の巨人の監督交代は、読売グループ内の人事異動の一環と考えてもらっていい」

この言葉を聞き、私は開いた口がふさがらず、憤慨して血が逆流する思いでした。

プロ野球というのは奥の深い、技術者の集団です。その集団を、監督は全責任を背負って指揮をとります。渡邉オーナーがいうような軽い置物のような存在ではありません。野球界において、もっとも尊敬される役職なのです。ではなぜ、監督が尊敬される役職なのか。人を正しく育て、正しく導いていける立場にあるからです。だからこそ、監督を目指す者は、勉強と経験を猛然と積む必要があるのです。

とはいえ、指導者を育てる場所を新たに築くのは大変です。ならば、既存の組織を活用すればよい。私は、プロ野球OBクラブを発展させるのが、現在のところいちばんの方法と考えます。私も以前、会長を務めたことがありますが、現在は八木沢荘六（元投手）が理事長としてとり仕切っています。八木沢さんは、現役引退後、12人もの監督のもとでコーチを務めた人物です。この組織を指導者の育成の場として発展させていくことができれば、日本の野球界の指導力は向上するでしょう。それには、監督やコーチの経験者をどんどん招き、指導論を教える勉強会を行うことです。

さらに、これからの野球界はどんぶり勘定ではいけません。シーズンが終了すると、コーチ陣にも変動が起こります。OBクラブは12球団を巡って「しっかり勉強していますから」と指導者候補を一人ずつ紹介し、その際、「怠けたらクビにしてください」と、最初から複数年契約させないことです。そして、よい選手を育てることができたら、再契約する。そういう厳密な契約が、指導者が必死になって学ぶ姿勢を育むのです。

生え抜きの選手を育てよ。

蹴落とすか蹴落とされるかの死闘が選手を強くする。

私の原点は、巨人軍の野球です。しかしそれは、高橋由伸監督が率いる現在の巨人軍とはまったく異なるものです。長嶋茂雄監督時代のそれでもないし、V9を成し遂げた川上哲治監督時代のものでもありません。私がプロの厳しさをいやというほど思い知らされた入団当時の巨人軍であり、水原茂監督が指揮をしていた巨人軍です。

1954（昭和29）年の早春、私は巨人軍に入団しました。早稲田大学時代には〝名ショート〟〝六大学のスター〟などと注目され、かなりの優越感を持ってのプロ入りでした。しかしグラウンドに出ると、そんな優越感はたちどころに消えました。先輩たちは「新人なんかにかまっていられるか」とそっぽを向き、今のようにコーチが手とり足とり教育するという空氣も皆無でした。

打撃練習の時間は、〝打撃の神様〟と呼ばれた川上哲治さんが打席を独り占めにして打ちまくります。練習時間の半分だけ残して打席を外すと、先輩選手から順々に打席に入り、新人がそこに立てるのは練習終了の間際だけ。10本も打たないところで「終了」の声がかかる。満足な打撃練習もできないうえ、それまでの私の打撃技術ではプロの世界ではまったく通用しないことが明確になり、大きなスランプにはまり込みました。

そんなある日のことです。「ヒロ、打ってこい」と見かねた先輩選手が打席を譲ってくれました。私はこの好機を逃すまいと、懸命に練習を続けました。すると、私に向かってバットが飛んできました。「若造、邪魔だ、早く打席から出ろ」という合図でした。「なんて大変なところに来てしまったのだろう」。当初は、何度もそう思いました。しかし間もなく、それこそプロのあり方であることを実感するようになります。

プロの選手とは、高度な野球技術を球団に買ってもらい、球場で観客に公開して喜んでもらうことで収入を得ます。いかに打率を高め、多くのホームランを打ち、盗塁数を増やし、エラーを少なくするか。そうやって努力を重ねて身につけた野球技術が、自分だけの秘術となります。この秘術は、収入を得る資本であり、この世界を生き抜く唯一の武器です。秘術を他人に盗まれることは、身の破綻《はたん》を招くことを意味します。

当時の巨人軍には、この意識が強く浸透していました。だからこそ、後輩に野球を教えたり、練習を譲ったりなど考えられないことであり、チームメイト全員が商売敵でした。相手チームに勝つ前に、同僚との生存競争に勝たなければならなかったのです。同僚を蹴落とし、レギュラーポジションを確保しないかぎり、ゲームには出場できません。グラウンドは生活権を賭けた、食うか食われるかの戦場です。それを思い知ったとき、私の野球観はまさに意識革命を起こしました。

一軍でレギュラーの座をつかむには、走攻守の三拍子がそろう必要があります。本氣で悩み、「どうしたらうまくなれるのか」と必死の思いで教えを乞い、死に物狂いでポジションをつかみとる。この死闘が生え抜きの選手を育て、チームを強くするのです。

死に物狂いで闘う選手を育てよ

この原点に立ち返ると、現在のプロ野球は〝情けない〟〝おかしい〟と思うことばかりです。その一つが「ユーティリティプレーヤー」の存在です。ユーティリティプレーヤーとは複数のポジションをこなせる選手のことで、監督にとっては便利な存在です。

しかし、どこのポジションもこなせるということは、どのポジションの技術も極められていない表れです。ユーティリティプレーヤーが存在する、ということは、そんな中途半端な状態の守備でどうにかなる、という現状を示すものなのです。

元巨人軍の大橋勲《いさお》捕手が、現役引退後のOB会でこんな発言をしたことがあります。「僕は、森さんを抜こうとしてがんばっていました。森さんも『こうやれ』と教えてくれた。でも、それは全部ウソでした（笑）」

森祇晶《まさあき》捕手は、私の監督時代にヤクルトと西武でコーチとして働き、私の後任として西武監督に就任したあとは八度のリーグ優勝、六度の日本一を達成した人物です。現役時代は、巨人軍で川上V9時代を支えた名捕手でした。そんな彼も、正捕手の座を死守するため、優秀な若手捕手にウソばっかりついていました。誤った方法とはいえ、それほど命がけだったということです。時代を逆戻りさせることはできませんが、「死に物狂い」で闘う環境が、生え抜きの選手を育てる事実に、今も昔もないのです。

思いやる心が人を成長させる。

仲間を思いやってこそプロの選手。

プロの世界で生き抜くには、まず同僚との生存競争に勝ち抜かなければならない。周囲はすべて敵、味方も敵、孤立無援……。そうだとするならば、選手にとって頼るべきものはおのれの力だけです。自力で研究し、対策を練り、努力を惜しまない。これが、私の体験によって初めて知らされたプロ野球選手のあり方でした。

その厳しい現場では、エラーで足を引っ張るなどしたら、露骨にいやな顔をされました。ときには雷も落ちました。巨人は偉大なる利己主義の集団にも感じました。

川上哲治さんが打撃練習の半分以上を独り占めにして平然としていたのは、「おれは打つことで〝川上〟と呼ばれている」と4番のプライドを持っていたからです。一塁手ながら守備練習をしないのも、4番のプライドが打撃に全力を傾けさせたからです。

ただ、新人の私には川上さんは大変な相手でした。ストライクゾーンに投げれば「いい球放るなぁ」と捕るけれども、そこから外れると、公式戦でも「下手くそ」といって捕ってくれない。「おれは捕るのは下手だ。この範囲（ストライクゾーン）は捕るけど、それ以外は捕らない」と平氣でいうのです。そうしてエラーが出ても、「よい球を投げないお前が悪い。もっと練習せい」という。たまりかねて「川上さんが練習してくださいよ」といったら、すっかり嫌われてしまいました。

そんな集団のなかで、私はよい先輩にも恵まれました。初めてのキャンプのことです。キャンプ終盤に入っても、私の打撃はスランプの泥沼に入り込んだままでした。新人にはコーチが教えてくれない時代、悩みに悩み、精も根も尽きはてる思いでした。

そんなある夜、たまりかねた私は、平井三郎遊撃手の部屋を訪ねました。平井さんにとって、私は遊撃手のポジションを狙う敵でした。しかし、私には平井さんの他に教えを乞える人がいませんでした。「打てないんです。教えてください！」と必死に頭を下げる私に、平井さんは険しい表情と短い言葉で、的確な助言を授けてくれたのです。

自分のポジションを狙う敵をも思いやる、平井さんの懐の深さに私は感謝しました。その助言にしたがって打法を改善し、バットから快音が響くようになりました。私は遊撃手の定位置を平井さんから奪い、その年、リーグ新人王とベストナインに選ばれたのです。私は恩人から命がけで奪取したポジションを死守するため、自分をさらにアピールすることに熱心になりました。守備には自信のあった私は、「矢のような送球をし、観衆をうならせてやろう」と野心満々でプレーをするようになったのです。

この野心が、私に大失態と、さらなる意識革命をもたらすことになります。

野球は結局、一人ではできない競技

プロ入り一年目にして正遊撃手。私の心ははずみ、夢中でゲームを続けていました。日本一を決める最後の大一番、敵は洋松ロビンス（現・横浜DeNA ベイスターズ）。4対4で迎えた9回表の攻撃で、巨人は一挙に4点を加え、誰もが「これで勝った」と思い、最後の守備につきました。その9回裏も2死で無走者。勝利は目前でした。

平凡なショートゴロだったはずなのです。それを捕った私が一塁の川上さんへ悪送球し、走者を生かしてしまった。そこから試合の流れが変わりました。次打者の放ったサードゴロにもエラーが生じ、続けて私が再び一塁に力いっぱい投げた球は、川上さんのミットに収まらず、1点が追加。連続エラーにベテラン投手も動揺したのか、打者を歩かせます。そして、交代でマウンドに立った若手投手の快速球が相手のバットにつかまり、逆転ホームラン。あっという間のことでした。

負けの流れをつくった私に、先輩たちは冷ややかな目を向けました。私はますます孤立無援。そんなとき、平井さんがこういってくれたのです。

「なあ、ヒロ。味方が捕りやすい球を正確に放れ。ストライクゾーンに放れば、川上はしょうがないといって捕る。相手が捕りやすい送球をするのも、プロの技術やで」

この平井さんの言葉は、「野球は結局、一人ではできない競技」という教訓を私に授けてくれました。味方への思いやりを忘れてはチーム競技は成立しません。どんな厳しい環境にいても、相手を思いやる氣持ちこそが、自分を生かす道ともなる。指導者とは監督やコーチだけを指すのではなく、後輩を正しく導く人物すべてが指導者であり得る。

平井さんの授けてくれた教訓は、監督となって以降も私を心強く支えてくれました。

発想を変えれば人生が変わる。

まずは赤ん坊のように頭を空っぽにすることから。

野球チームは、戦うための集団です。選手が自主性を失い、闘争心を欠いては戦えません。今にして考えてみると、あの頃の巨人軍は、一匹狼というより野獣の集団でした。猛々《たけだけ》しく、仲間をも押しのけて獲物を奪いあうライオンの群れも、外敵に遭遇すれば一致団結し外敵を追い散らす。それこそが、私の原点とする巨人の強さだったのです。

それは、12月から1月のオフシーズンの過ごし方にも現れていました。プロ野球は、日米両国ともに1シーズン制を採用しています。選手の契約も、日本の場合は2月1日から11月30日までの10カ月間で、年俸も本来はこの10カ月間の報酬となります。

ただし現在、これはあくまでも建前になっていて、オフシーズンも「自主トレーニング」という名のもと、半強制的な集団練習が行われているのはご存じのとおりです。

一方、私が巨人軍に入団した頃は、本来のシーズン制が厳しく守られていて、集団練習が行われることはありませんでした。だからといって、この期間に遊びほうけていては、レギュラーポジションを奪われてしまいます。練習メニューを考えてくれる人は誰もいませんから、自分自身で真剣にオフシーズンのトレーニング法を考えました。

「野球がうまくなるために何かヒントはないか」。私は藁《わら》にもすがりたい心境にありました。そんなときです。親しい友人に「中村天風の話を聞いてみてはどうか」と教えられました。思想家といわれていますが、単に理論だけではなく、実践に基づいて、宇宙・生命・人間・人生を説く人物だといいます。宗教家などでは決してなく、自らの体験から心身統一法という教義を編み出しました。天風先生に師事した人物は多く、東郷平八郎（元帥海軍大将）や山本五十六（同）、宇野千代（作家）、ロックフェラー3世（米国・実業家）、松下幸之助（松下電器産業創業者）など多くの著名人が門下生でした。

私は好奇心のおもむくまま、文京区・護国寺の「修練会」をのぞきました。

講堂を埋めた聴衆の前に現れた天風先生は羽織袴姿、顔立ちは血色よく、風格と氣品に満ちていました。その日、人生を変えるには発想の転換が必要との話を聞きました。

屁理屈でいっぱいの頭に、何を教えても無駄

1876（明治9）年に生まれた天風先生は、若き日を日露戦争の軍事探偵として活躍されました。30歳で重い奔馬性肺結核にかかり、細菌学の最高権威だった北里柴三郎博士から「君は35歳までに死ぬ」と宣告されました。しかし、自らの命をあきらめず、死病を治す方法を求めて33歳でアメリカに密航。コロンビア大学で医学を学んで首席で医学博士の学位を取得し、さらなる名医を求めてロンドンに渡り、フランスのリヨン大学、ドイツのベルリン大学では哲学を学びました。しかし、肺結核を治せませんでした。

絶望した天風先生は35歳のとき、「どうせ死ぬのなら、富士山を見て死のう」と帰国を決意。その船旅の途中のことです。立ち寄ったエジプト・カイロのホテルにて、ヨガの大哲学者・カリアッパ師と出会ったのです。

「お前は死にたがっているようだが、どうしたのだ。自分についてきたら助けてやる」

天風先生は、ヨガ哲学発祥の地ヒマラヤ山脈の高峰カンチェンジュンガ山の麓《ふもと》までつ

いていきました。ところが、何一つ教えてくれないのです。不満を口にすると、「お前の心は話を聞く状態になっていない。朝の挨拶をすれば、また血を吐いた、氣分が悪いとそればかりだ。嘘でもいいから今日は氣分がよいといってみろ」

と突き放されました。また、カリアッパ師はこうもいいました。

「私がお前に教えたいと思っていても、お前の頭のなかに、今までのお前が詰め込んだ役にも立たない屁理屈がいっぱいになっている以上､私が大事なことをいっても無駄だ。私のいうことをお前は無条件で受け入れまい。受け入れないものを与える。そんな愚かなことはない。生まれたばかりの赤ん坊のように、まずは頭を空っぽにすることだ」

発想を変えること。その考えがあってこそ、人生は変わります。赤ん坊のように頭を空っぽにさせること。これこそ教わる者の心構えであり、教える者が教わる者に真っ先に行わせることとです。カリアッパ師はそれをまず天風先生に説いたのでした。

天風先生は発想を転換させ、体調が悪くても「今日は氣分がよい」と口に出すことを続け、朝から日暮れまで座禅を組み、カリアッパ師に教えを乞い続けました。天風先生の身体から死病はやがて消えてなくなり、新たな人生を切り開かれたのでした。

積極的な氣持ちが人生を変える。

人のせいにする者に成長はなし。

中村天風先生は、2年7カ月間の修行を経て、日本人としてただ一人のヨガ直伝者となって帰国し、心身統一法を編み出しました。天風先生はこう説きます。

「心と身とが打って一丸とされたものが、人間の命の姿だ。精神と肉体のバランスのとれた統一がいちばん大事。氣持ちの持ち方がいちばん大事。

健全な精神にこそ健全な肉体が宿る」

古くから「健全な肉体に健全な精神が宿る」といいます。しかし、天風先生はこの常識を覆し、「健全な精神が健全な肉体をつくる」といったのです。

人の体調は、氣の持ち方で変化が生じます。心のあり方が肉体に強く作用するためです。たとえば「今日はだるいな」と思った瞬間から、人は一日を憂鬱に過ごすことになります。嘘でも「今日は氣分がよい」と心を積極的にすれば、心にも身体にも晴れやかさが宿ります。この発想の転換法が、人を元氣にするのです。

この氣の持ち方は、運命にも同じような影響を及ぼします。

氣の持ち方が弱ければ精神的なバランスが崩れ、それは生命一切の乱れを引き起こします。こうなると、運命の打開に必要な体力、能力、判断力、断行力、精力、胆力などが縮《ちぢ》こまり、力強く発動しなくなります。だからこそ、どんな逆境に置かれても、心は断固として積極的に整えるべきなのです。そうして生きることで、人生は好転します。

自分の現状は自分の考え方がつくっている

私の人生を変えた天風先生の教えに、こんな言葉があります。

「自分の現状は人のせいではなく、すべて自分の思い方や考え方がつくったもの。どんなささいな行動でも、みんなそれは自分の心のなかの思い方や考え方の表れである。

あなた方の考え方や思い方が、現在のあなた方を形づくっているのだ。それがわからないと、信念はかたまらない」

現役時代、1年目に打率3割1分4厘、本塁打も15本打ち、私は新人王に選ばれました。しかし、2年目から現役を引退するまで、3割をマークしたシーズンはありませんでした。得意とした守備でも、年にいくつかのエラーがありました。当時はすべての球場が天然芝に土のグラウンドで、球がイレギュラーしやすいこともありました。ただ、そのなかのいくつかは、一塁手が楽にさばいて当然の球も含まれていました。

「川上さんがちゃんと守備してくれないから」と悔しく、「あのくらいの球を捕らないファーストがいたんでは、野球ができるかい」と口から出た言葉が当人の耳に入り、軋轢《あつれき》は深まりました。川上さんが巨人軍の監督になってからも、野球理念の違いで対立することが多く、あまりの仕打ちに怒り、涙し、恨んだ時期もありました。

では、川上さんと出会わなければ、私の人生はもっと幸福だったのでしょうか。それは違います。指導者になってからは「川上野球より広岡の野球が正しいことを証明してやる」と必死になったことが、どんな苦難からも逃げない私の強さになりました。今思えば、「川上さんを見返してやる」という、いい意味での敵愾心《てきがいしん》が、非常に大事な勉強に懸命に向かう原動力でした。あの経験がなければ、私は違う人生を歩んでいたでしょう。

「自分の念願や宿願がかなわない原因は外にあるのではない。みんな、あなたたちの命のなかに与えられた心の思い方や、考え方の表れだ」

天風師のこの言葉にも、私は人が強くなる真理を見つけました。

人とは身勝手なものです。自分の立場や力は棚に上げて、「ああなりたい」「こうなりたい」と高望みをし、それがかなわないと人のせいにします。レギュラーになれなかったり、他の選手より年俸が低かったり、待遇が悪かったりするのは、出場のチャンスを与えてくれない監督や、査定をする幹部のせいだとぼやきます。会社勤めの人は上司のせいにし、生徒は先生のせいにし、子どもは親のせいにし、妻は夫のせいにします。

しかし、他者に責任を転嫁している限り、自分を成長させることはできません。反対に、自分の努力不足に氣づき、死に物狂いで改善していけば、人は大きく成長できます。

これは指導者も同じです。「よい選手がいないから勝てない」と嘆く監督の声をよく聞きます。しかし、選手が十分に働いてくれないのは、指導者の指導力が足りていないからです。それを選手のせいにするのは何ごとか、と私は思うのです。

人は必ず育つという信念を持て。

希望を持たせてこそ、人は育つ。

天風理論に「観念要素の更改」というものがあります。

私たち人間は、眠っているとき以外、たえず何ごとかを思い、何ごとかを考えています。この思ったり考えたりすることが、積極的なら問題はありません。しかし、消極的になると、生じる結果も消極的で、不本意なものになります。

ですから、常に思ったり考えたりすることや使う言葉、態度を積極的で前向きにすることが大事です。反対に、不安や心配、恐れ、憎しみ、怠惰などの観念要素で心をいっぱいにしている人は、まずは心の倉庫を大掃除すること。そうして、明るく積極的で真に役立つ価値のあるものに入れ替えなさい。これが「観念要素の更改」という教えです。

野球に置きかえていえば、バッターボックスに立ったとき、「おれは打てる！」と思うのと、「打てそうにない……」と思うのとでは、結果に天地ほどの開きが出てきます。

バッターにはボックスに入るとき、まるで絞首台に向かうような恐怖にとらわれることがあります。一人で敵地に乗り込み、結果を出さなければならないのです。

そのときに、パッと積極的な心理をつくれる人間はよい結果を生みます。調子のよいときならばそうした心理をつくることはできますし、実績のある選手は「ピンチのときほどおれは強いんだ」と氣持ちを強く前に向けることができます。

しかし、打てない選手やスランプに入っている選手は、間違いなく自信のない消極的な氣分でバッターボックスに立っています。目には見えませんが、その人の観念要素がそのとおりの結果を導き出しているのです。

では、消極的な思いに縛られている選手に心の大掃除をさせるには、指導者はどう対応すればよいでしょうか。「おれはできる！」と思えるまで、練習につきあうことです。

選手自身は、何をどう変えればよくなるのかわからないところがあります。ですから、練習につきあい、よいときには「今のはいい」と褒め、だめなときには、ときに自分で模範を示しながらだめな理由を理論的に教える。それをくり返してコツをつかませれば、選手は「おれはできる！」という自信を強く持つようになっているでしょう。

希望を持たせるには相手の望みを把握せよ

西武の監督になり、1年目に球団24年ぶりの日本一となり、2年目も組織のパワーを結集して、余裕のリーグ優勝を果たしました。日本シリーズの相手は、私の古巣の巨人です。レベルの高いゲームの連続は、日本シリーズ史に残る名勝負となりました。

2勝3敗と巨人に王手をかけられたときです。9回裏に3ランを打たれてサヨナラ負けしたチームは沈滞ムード。後楽園球場でのサヨナラ負けは、第2戦に続き2度目。連日の厳しいゲームでヘトヘトです。ホテルに帰りつくと、私は全員をホールに集めました。みんな頭を垂れてうつむいています。私は、マイクを握り、口を開きました。

「マイクを持つと、カラオケの1、2曲も歌いたくなるな」

思わぬセリフに、みんながどっと笑い、顔を上げました。

「いいか、シリーズはあと2戦ある。ここまでは予定どおりだ。西武球場へ帰って勝つことになっている。ここまで無理はしていない。巨人は投手起用でも無理をしている。西武と巨人では練習量が違う。巨人はへばっている。少ないチャンスをものにしての僅《きん》差《さ》で勝つことになっている。今までの戦いぶりから分析して、そうなるはずだ」

勝負ごとに確かな予測など成り立つはずはありません。私が語ったのは、自分自身の正直な願いでした。このときの選手たちに必要だったのは、意識を転換し、心を積極的な方向に向かわせることです。天風先生のいう「観念要素の改変」が求められたのです。

第6戦は、延長までもつれ込み、サヨナラヒットで勝利。最終戦も3対2と逆転勝ちを果たしました。西武は、私が話したとおり巨人軍に勝ち、日本一に輝いたのでした。

「自分ならできる」という思いを強く持たせるには、まず相手が「何を望んでいるのか」を的確につかむことです。指導者は、そこをうまく言葉で示してあげなさい。

その際、もののいい方を工夫すること。私は高校生や大学生を指導することもありますが、「しっかりやれ」だけでは心に響きません。具体的な言葉で未来を指し示し、暗示をかけるのです。たとえば、やる氣の人一倍ある選手には「キャプテンになれよ」という。その目標を持った選手は、周囲が一目を置くほど練習に励むようになります。

伸びる選手は、ひと目でわかる。

反発心の強い人は伸びしろが大きい。

組織を盤石《ばんじゃく》なものにするために、もっとも重要なのは「人」です。組織を育てるには、人を育てることです。これは、プロ野球でも同じです。結果を出すには手順があります。その第一歩が、ドラフトで獲得した新人選手をしっかり育てることです。

新人を育てるには、年単位の時間がかかります。苑田が一人前に育つには1年半かかりましたし、ヤクルトで活躍した遊撃手、水谷新太郎は3年もかかりました。教えてすぐに上手になる選手などいるはずもありません。

プロの世界にドラフトやスカウトで入ってくる選手たちが、粒ぞろいであることは事実です。そこから選手をどう育てるか。そのためには、師弟間で信頼関係をしっかりと築くことです。「監督やコーチを信じ、がんばってついていこう」と思わせてこそ、プロ野球で活躍するという厳しく高い壁を、選手に越えさせることができるのです。

だからこそ、選手はよき師匠に恵まれるかどうかが大事になります。誤った師匠に出会えば、誤った方向に連れていかれます。指導者は自らを「選手を率いていく存在だ」という自覚を持って、選手以上の勉強と努力を惜しまないことです。

一方、新人たちも差がだんだんと開いてきます。これは、単に能力の違いだけではありません。伸びる人間、伸びにくい人間は、実は人間性による部分が大きいのです。

「この選手は伸びる」「伸びない」というのを、私はひと目で見抜けます。

まず、空振り一つで激しいくらい悔しがる選手は伸びます。「悔しい」という感情は人を大きく伸ばします。私は打たれ強い選手には、基本のできていない部分を指摘して、「それでよくプロになれたな」といい放ちます。それで「なにくそ！」と、弱点の強化に打ち込むようならば、その選手は伸びます。反対に、試合に負けても悔しがらない選手もいます。「悔しい」という感情の薄い選手は、伸びしろが小さいと判断できます。

また、指導者のいうことに「わかりました！」と返事だけよい選手も伸びにくいタイプです。すぐにわかったような顔をする小器用なタイプは、その場でできても、翌日には忘れます。学びが浅いので、すぐに戻ってしまうのです。こういう選手は何ごとも長続きしないので、何度も注意を繰り返さなければいけなくなります。

一方、最初は反発するくらいの選手は、よく伸びます。反抗心の強い選手は、いったん指導者を信用すると、そのあと熱心に練習をするようになります。こうした選手は、最初が肝心です。簡単にはついてこないからです。

選手の機嫌をとる指導者など必要ない

そもそも、指導者は最初から人が素直についてくるとは思わないことです。「あれやれ」「これやれ」「ああやったらうまくなる」と、「How to do」でものをいっていると、たいていの場合、ムッとされるし、うるさがられます。でも、選手の機嫌をとって選手が伸びるくらいならば、指導者など必要ないでしょう。

実際、私の場合も、半年くらいは文句ばかりで、選手たちはなかなかいうことを聞きませんでした。そんな批判に負けない強さを持つには、指導する人間が「こうすれば選手は必ず伸びる」という根拠と信念を確立する他ありません。そして、自分の言動に責任を持ち、必死でやる真剣さが通じたとき、相手も耳を傾けてくれます。反発する選手には、相手の懐に入るような氣持ちでとり組むことも大事です。

なかなか思うようにできないことを悲観せず、教えられたことをひたすら信じて練習する、根氣のある選手も伸びるタイプです。反対に、すぐに「できた！」といったり、「おれはうまいだろう」と自慢したりする選手は、伸びにくいタイプです。こういう色氣の多い選手は、外に氣がそれやすい性格を持つからです。

もう一つ、伸びない人間の典型があります。「すぐ泣く」です。どの世界にも、上の人間から少しいわれるとすぐ泣く人がいるでしょう。プロ野球の世界にも、そんな人がいます。「なんで文句ばっかりいうんだ」という顔で泣くのです。できないことを人のせいにしたり、言い訳したりする人も伸びにくいタイプです。こうした言動からは、甘えの強い性格が見えます。勝負の世界、甘えた精神で勝ち切ることはできません。

一言でまとめるならば、氣持ちを通わせられる相手かどうか。ここを見て、人を育てていけば、組織を発展させていける人材を育てられるのだと思います。

ライバルがいれば、人は伸びる。

競争心は飛躍の原動力となる。

私が西武の監督になると決まったその年、石毛宏典《ひろみち》遊撃手は新人王に輝き、パ・リーグのベストナインにも選ばれて、守備の名手に与えられるダイヤモンドグラブ賞（現・ゴールデン・グラブ賞）も受賞していました。西武の新しいスターとして、輝かしくデビューを飾ったといえるでしょう。しかし、私の目には、とても名手には見えませんでした。捕球や送球の基本がまったくといってよいほど、身についていなかったからです。

秋季練習も、それに続く自主トレーニングも、原則的には選手の自主参加となります。私は参加選手に対しては、一応の目標を示しました。若手選手は基礎体力増強と技術的欠点の矯正であり、ベテラン選手は筋力の維持でした。ただ具体的には、若手、ベテランを問わず、基本プレーの練習を徹底的にくり返しました。「基本が真に身についていなければ、応用動作もできるわけがない」と、選手の意識に刻み込むために、基本の反復練習を翌年のキャンプまで続けました。

もちろん言葉だけでなく、動作でもその重要性を示しました。基本に外れたプレーをする選手を目にすると、その場で手とり足とりの指導もしました。

しかし、基本の反復は選手にとっておもしろいものではありません。だからといって、練習に氣が入らなければ、練習そのものが意味のないものになってしまいます。そこで私がとった策は、打たれ強くも素直な石毛を実物教育のための標的にすることでした。

「お前、そんなにへたくそで、よく新人王を獲れたなあ」

石毛は「いらんお世話だ」とプイと顔をそらしました。しかし、私は素知らぬ顔で「へたくそ！」「ダメだなあ」「それでもプロか」といい続けました。プライドを傷つけられ、石毛は内心穏やかではなかったでしょう。しかし、悔しさは上達するためのバネになり、一人の必死さはチームを引っ張っていく力強い牽引力となります。

ただし、罵倒の言葉は的外れになってはいけません。的外れの単なる罵倒は、選手をダメにするだけです。試合や練習を十分に観察したうえで、その選手の問題点を正直にいってやります。選手は自分も感じている欠点をはっきりいわれると、「なにくそ！」と反発心がわいてくるものなのです。

ちょうどそのころ、私は行沢久隆《ゆきざわひさたか》を重点的に指導していました。遊撃手の控え選手でしたが、足も速くバネもありました。セカンドにもサードにも起用することを予測し、彼のレベルアップに全力を傾けました。手とり足とりの指導を続けていると、行沢の上達ぶりが目に見えてきました。うれしくなった私は、数人の新聞記者にいいました。

「行沢がうまくなったでしょう。守備だけなら、もう石毛の上ですよ」

選手のライバルは指導者がつくれ

そんなある日、目を血走らせた石毛が近よってきました。

「監督、僕にも教えてください！」

私は「よし、しめた！」と思いました。「そうこなくては」と。石毛の「遊撃手として、もっとうまくなりたい」という信念が伝わってきました。

「わかった、教えよう。しかし、一から出直しだぞ」

そういう私に、石毛は帽子を脱いで「お願いします」と答えました。その日から、私と石毛の一対一の練習が始まりました。石毛は熱心に私についてきました。

ライバルがいる、というのは苦しいけれども、人を確実に伸ばします。「負けてなるものか」という必死の思いは、「どうすればライバルを抜けるのか」「ライバルに勝つには自分に何が足りないのか」と考え、行動する原動力になるからです。ライバルがいない選手には、石毛と行沢の関係のように、指導者がつくってあげればよいのです。

そうして「うまくなりたい」「勝ちたい」と切に願う希望を宿した選手は、指導者の言葉をすんなりと受け入れます。このタイミングこそ、指導の好機です。

「君は基本プレーなど訓練しなくても、ちゃんと守れていると思っていただろう？　だが、そこが間違いだ。君はいま、難ゴロを無理な体勢で処理している。基本を外れた動作をしても、打球の処理ができる。それは若いからだ。体力もあるから、体力にまかせて無理な動作もできる。だからといって、今のままのプレーを続けていたら無理がたたって故障し、選手生命はあと3～5年で終わってしまうだろう。エラーも続出する」

基本を意識に染み込ませることは、今日勝つ能力と将来勝ち続ける能力の両方を育てることを意味します。それはつまり、現役生活の長い選手を育てることになるのです。

私の監督時代、マスコミが騒ぐ「広岡の管理野球」という評価が浸透し、厳しい監督というイメージが定着していました。しかし、日本一を目指す指導者が厳しいのは当たり前。私には、「人は必ず育つ」という信念があり、それだけの勉強と経験を積んできた自信があります。マスコミは「おもしろければよい」と、滅茶苦茶な内容の記事を掲載し、私のイメージを独り歩きさせました。そのためか、西武の監督に就いたばかりの頃、選手たちは硬く萎縮している様子が見受けられました。

それでも石毛は、「監督、教えてください！」と必死の思いでやってきた。自分から教えを乞える選手は、たいしたものです。そうした選手の熱い思いに応え、現役時代の長い、結果を出せる選手に育ててあげるところに、指導者の価値はあるのです。

日本プロ野球界に革命を！

日本のプロ野球に革命を起こす。これは、私が監督時代から長くとり組み続けてきたことです。新しいチャレンジを行い、言葉も発してきました。しかし、一人の力ではなかなか実践できないことばかりです。

野球界に育ててもらった選手は、一人一人がその恩返しとして、球界の改革に働くことです。そうすれば、日本の野球はメジャーに負けないほど、おもしろいものへと成長するはずです。

その一歩として、強豪チームで采配を奮った監督は、次に弱小チームの監督になりなさい。巨人のように、大金をつかって即戦力の選手を集められるチームが勝つのは当たり前。勝てないほうがおかしいのです。

その先頭に、原辰徳に立ってほしい。私は原が二度目の監督を辞める際、「10年間も監督業を続けたのはえらい。野球界あって君がいる。これからも野球界をよくするために、今度は弱小チームの監督をして日本一にしろ。そうしたらお客さんが喜び、野球界が盛り上がる」

と伝えました。それを成し遂げられてこその名監督です。ところが今は、ゴルフ三昧の日々を送っている。ファンを大喝采させ、国民の目を野球に向けさせられるその力を、日本の喜びに生かしてほしいと思うのです。

本当は、長嶋茂雄が先頭に立ってそれをやるべきでした。野球界で〝長嶋茂雄〟という大スターに育ててもらったのだから、今度はその恩返しとして、弱小チームを優勝に導き、球界を盛りたてるという大きな花を咲かせてほしかった。観客にとって、こんなに美しく、魅力的な花はなかったでしょう。

では、なぜ長嶋も原も、弱小チームでの監督をやりたがらないのか。一言でいえば、大変だからです。選手たちは、監督のいうことをなかなか聞かない。カネで選手を集めることもできないから、一人一人を育てていく必要がある。巨人の監督に慣れてしまった人間には、それが大変な苦労に感じられるのでしょう。

「弱小球団は優勝経験者を監督にすべき」は、私は日本プロ野球の革命に必須のことと考えています。先日も、現在（2017年9月時点）セ・リーグで最下位のヤクルト球団社長に進言したのですが、「監督人事はオーナーの専権事項で、生え抜き選手しかダメと申しています。コーチなら……」というなんとも頼りない返事でした。本氣でチームを強くしたければ、コーチではなく、〝勝ちぐせ〟が身についた監督を選ぶべきなのです。

私はだいぶ前に、当時の巨人軍オーナーだった渡邉恒雄氏から「あなたを巨人軍の監督として迎えておくべきでした」との手紙をもらったことがあります。だが、私にとっては、巨人軍の監督より、弱小チームを日本一に導くことのほうが、よほどおもしろくやりがいがあり、球界のためになる仕事でした。万年Bクラスだったチームが巨人軍を倒して日本一になる。お客さんにとってこんなに痛快で盛り上がることはないでしょう。

監督の醍醐味《だいごみ》は、強豪にも勝ち切れるようチームを育てるところにあります。

そのためには、球団を代表するような生え抜きの選手を育てること。それでこそ、監督としての格が上がるのです。

もう一つ、現在の球界で正したいことがあります。それは、大学と高校の野球についてです。

毎年、大学や高校からプロ入りする選手たちがいます。最近では、よりプロに近い学校に入りたいと願う選手が増え、また学校側も学校の名声を高めてくれる選手を集めようとする傾向が強くなりました。そこでおろそかにされるのが、学生の本分です。

大学野球の場合、20~30人もの選手を「推薦」といって無受験で入学させてしまう。高校の場合、越境入学をさせる。チームの大半が他県出身の選手である高校も増え、甲子園に出ても地元が盛り上がらないという話も聞きます。過度の人数の推薦入学や越境入学は、選手たちのためにも、球界のためにも、郷土のためにもなりません。ただちに廃止すべきです。

学生の本分とは、第一に勉強です。勉強し、自ら知識と知恵を蓄えていくことは、プロの選手になってからも、引退して指導者になってからも、もっとも重要な資質です。この資質は、学生のうちに身につけておくものです。

そのうえで、プロ入りしてから選手が活躍できるよう、基本訓練をくり返させなさい。基本をきちんと身につけたうえでプロに入れば、こんなに頼もしいことはありません。

ところが、高校野球では強豪校ほど選手を教えなくなっている。私は早稲田大学でもコーチをしていました。あるとき、甲子園に五回も行った捕手が入部してきました。

「お前、甲子園に五回も行ったのだったら、監督にたくさん教わってきたのだろう」

その返答はこうでした。「いえ、僕は監督から一度も教わったことがありません」。

今や強豪校の監督は、大勢やってくる入部希望の選手をふるい落とすためにいるようなものです。そうやって、高校生としてはレベルの高い選手でチームを編成すれば、甲子園に行って当たり前でしょう。そこには、選手を育てるという意識が欠けています。

私の古巣である早稲田大学では、野球選手の推薦入学は４人のみです。他は猛勉強し、受験に合格して入ってきます。入部してからは、日中は授業にきちんと出させ、放課後に基本練習を叩き込んでいく。試験も他学生と同じように受けさせるので、卒業するためにみな必死で勉強する。そうやってプロに入っても、社会人になっても、立派に働くことのできる根性ある選手を育てるよう努めています。それでこそ、学生野球としての本来の姿でしょう。

今年（２０１７年）７月に行われた日米大学野球選手権を観ていて思ったことがあります。アメリカの選手は一生懸命プレーしているのに、日本の学生は格好ばかりつけているのが目立った。ついには逆転負けで三連覇を逃し、非常に残念でなりませんでした。

野球界に革命を起こしたいことはまだまだたくさんあります。10年後、20年後にもっとおもしろく、観客をおおいに喜ばせられるような野球界であり続けるために、一つ一つ正しい方向へと行っていくべき改革は多いのです。

第4章

「組織を育てる」とは

1978（昭和53）年10月22日、後楽園球場での日本シリーズ最終戦でヤクルトは阪急を破り日本一を達成。胴上げされる著者。（写真提供:共同通信社）

絶頂期に惜しまれるなかで去れ。

トップがそうすれば、後進は必ず育つ。

野球チームでも会社でも、後進を育てたいと願うならば、絶頂に立った人間は、惜しまれるなかで辞めていくことです。上の人間がいつまでもいては、下の人間が育たないからです。反対に、惜しまれて辞めていく人がいれば、「あの人のようになりたい」「おれにチャンスが巡ってきた」「自分ががんばらなければ」と、下の者は発奮し、責任感を持つようになります。

人は、自然の原理にしたがって生きています。誕生から30歳頃までは、体力・氣力とも上昇を続けます。30代はほぼ平行線で、今の能力をいかに維持するかが重要な年代です。40代、50代になると減衰しますが、人のために必死に励む力は残されています。

この自然の原理を知り、「自分」という人材をいかに生かすか、それを考える者が人間の格を上げます。また、所属する組織を育てる力を持つことができます。

野球の監督には、選手とともに身体を動かせる体力・氣力が必要です。練習中、腕組みをして見ているだけの監督もいますが、それで選手を育てられるはずがありません。選手に教育を施すには、自らの体力・氣力を振り絞り、鍛錬につきあう根氣が必要です。

私は、50歳で西武の監督になったとき、これが監督として1球団を日本一に導く最後のチャンスと考えていました。身体を張って教えられるのは50代までと思うからです。

だからこそ、選手たちへは、彼らの引退後も見据えた教育を行いました。野球界に残る者もいれば、別の世界で第二の人生を始める者もいます。いずれも、年齢的に人の上に立つことになるでしょう。現役時代に必死になった経験と、そのときの指導者から受けた教育が、引退後の人生の糧《かて》となっていきます。

また、後進を育てるのも、監督の重要な役目です。私が指導した選手で監督になった者は、田淵幸一や工藤公康、伊東勤、若松勉、石毛宏典など大勢います。現役時代、私の厳しい野球に反発した選手もいましたが、指導者になってからは、あのときの経験が生かされていると、多くが語ってくれています。

「育てる力」こそが日本を正しく導く道

現代を象徴するアスリートの一人に、三浦知良《かずよし》選手がいます。50歳になった今もサッカーを続けています。しかし、50代に入ったら、どんなに努力しても、若い頃のプレーは戻りません。実際、試合に出場する機会は、著しく減っているでしょう。そうだとするならば、「氣力・体力がまだ十分に満ちている今こそ引退し、第2の三浦知良をつくる」と決断すれば二重丸。サッカー選手の格をさらに高めることができます。それこそが、三浦選手がこよなく愛するサッカー界に貢献する最良の方法だと考えます。

野球界を見れば、イチロー選手が40歳を過ぎても戦い続けています。日本でもアメリカでも、最年長選手の一人となってきています。その孤高の奮闘ぶりは、同世代の人たちを勇氣づけるものでしょう。彼の活躍を励みにしている人も多いと思います。

しかし、努力ではどうにもならないところに来ていることは、本人も氣づいているはずです。そうだとするならば、今、「自分」という選手のために費やしている力を、今度は後進を育てるために使うことです。野球の指導は、選手を教えるために、自ら走り、投げ、打てなければいけません。指導者になるには、選手時代とは異なる勉強も必要になります。何かを学ぶのに年齢は関係ありませんが、監督になるのならば、それを務められる年代に達する前に、ある程度の勉強をすませることです。最高の指導者になって、第2第3のイチローを育てていくためには、それを始めるタイミングを見誤らないこと。それでこそ、イチローという名選手の格を高める道となります。

「超人」といわれる人間も、自然の原理に逆らうことはできません。寿命があり、その時間のなかで生きているのが生物だからです。

では、その貴重な時間をどのように使うのか。惜しまれるなかで現役を退き、第2の自分をつくることに邁進《まいしん》する。日本という国のなかに、多分野においてそうしたレールを敷くことができたならば、国力は今とは比べものにならないほど強くなるでしょう。

国力とは、経済力でも軍事力でもない、そこに生きる人間が築くものだからです。「育てる力」こそが、これからの日本を正しく導いていく道となります。いかに有能な指導者が多くの世界で活躍しているか。それがこれからの日本のあり方を決めていくのです。

下手な選手に合わせてルールをつくるな。

そこから組織は堕落する。

どんな世界にもルールがあります。ルールとは、公平性を守るためにつくられるものです。ルールにもっとも厳格な国はアメリカです。多民族国家ゆえ、細かなルールが必要となります。たとえば野球の場合、指導者は教えたくても教えられないケースが多々あります。一人だけに教えると「なんで、あいつにだけ教えるんだ」と批判されるからです。「指導は平等」が大原則となっています。

対する日本では、「モノになるぞ」という選手がいると、個人的に熱心に教えます。それをしないと、「あいつは素質があるのに、なぜ教えないんだ」と指導者が批判されます。素質の高い選手を特別に教えることが、日本では暗黙のルールとなっています。

アメリカと日本では、公平性に関してこれほどの違いがあります。私は単独で大リーグの各球団をめぐり、勉強をするなかで、日米の違いを客観視できるようになりました。とくに公平性については、アメリカから学んだことは大きかったと感じます。

西武の監督に就任するとき、私は選手たちに監督としての基本方針を説明しました。

「私は、君たち選手を、自分の好き嫌いの感情で、起用を決めることは絶対にしない。実績やネームバリューを基準にした起用もしない。私の選手起用の基準は、実力だけだ。その時点でもっとも好調な者、実力が上回る者、そういう選手を起用する」

この発言は、組織を運営するうえでの公平の原則を約束したものでした。

もちろん私も人間ですから、好き嫌いの感情はあります。嫌いなタイプの人間とは、口もききたくないこともあります。好みのプレーをする選手がいれば、嫌いなタイプのプレーヤーもいます。素直に指示にしたがう選手がいれば、裏で悪事を働く者もいます。公平を保つことの難しさを十分に理解したうえで、選手起用の基準が「実力」だけであると訓示を述べ、チーム内の公平性を敷いたのです。「実力勝負」というルールを明示することで、選手は安心して自らの力を発揮できるようになるからです。

ところが最近の野球界は、この公平性をおかしなところで線引きするようになってきました。下手な選手にあわせて、ルールづくりをしているのです。

たとえば、新たなルールに「衝突（コリジョン）ルール」があります。ホームに帰ろうとしている走者が、意図的に捕手または野手にぶつかっていってはいけない。もしくは、ホームに入ってきた走者の走路を捕手がブロックしてはいけないというルールです。併殺を阻止するための危険なスライディングを禁止するルールも追加されました。

いずれもメジャーリーグでの変更を受け、日本でも設けられたルールです。しかし、「メジャーがこうしているから、日本も準じたほうがよい」となんでも変えてしまうのはおかしい。これは、日本野球ならではのおもしろさを失う原因となるのです。

「危険プレー」禁止は日本球界の堕落

日本野球の魅力の一つは、日本人の機敏性を生かした野球です。走者がスライディングしてきたら、二塁手が「さあ、いらっしゃい」とばかりにジャンプして、一塁に送球しゲッツーをとる。こうしたきわどく華麗な場面が生じるのは日本野球の醍醐味《だいごみ》です。

その捕球・送球の華麗さを見て、お客さんはワクワクし野球のおもしろさを体感します。

衝突ルールにしても同じです。捕手がホームを隠して邪魔するのはルール違反ですが、走者を捕まえるために「さあ、いらっしゃい」と待ち構えることの何がいけないのですか。走者は突っ込んでいけばいい。捕手は、それをかわしながらアウトをとればよい。

ひと昔の選手が華麗にこなしたプレーが、今ではケガのもとになる。だから、「危険プレー」と名づけて禁止する。これは選手の実力が低下していることを示しています。

メジャーでルールが厳密に築かれるのは、先ほども述べたように、米国が多民族国家だからです。性格のよい選手がいれば、敵をケガさせてなんとも思わない者もいる。だから、危険プレーを制限するルールが必要です。日本人はそうではないでしょう。人を故意にケガさせて平然としていられる民族性ではありません。それにもかかわらず、「危険プレー」といって華麗なプレーを禁じたら、日本野球の魅力を減退させるだけです。

下手な選手を守るためにルールをつくれば、選手の能力は相対的に落ち、野球界そのものの堕落を招きます。プロとは高度な能力でお客さんを魅了し、報酬を得る技術集団です。球界自ら選手の能力を低下させるようなことをしてはいけません。

よい環境を与えるほど、人の能力は低下する。

人工芝で日本のプロ野球は堕落した。

人とは勝手なもので、自分中心に物事を考えるところがあります。しかし、自己中心的な考え方は、自然の原理から大きく外れます。地球があって人間がいる。これが、正しい考え方です。ところが日本人は、地球がこの世の主役であり、人間は地球に生かされている存在という原理原則を忘れてはいないでしょうか。

球場の人工芝が一例です。人間は自然の一部であることを忘れた者がとり入れる悪《あ》しき環境が、人工芝です。選手の足腰にかかる負担は大きく、ダイビングキャッチなどの際にケガをする危険性も高くなります。人工的な環境で、野性をたぎらせて激しくプレーすれば、ケガが生じて当然です。選手生命を短くさせかねない環境なのです。

それではなぜ、多くの球場で人工芝を採用するのでしょうか。人工芝にすれば、天候に左右されずに野球ができます。天然芝に比べて手入れも格段に楽です。維持費も少なく抑えられます。いってしまえば、球団にとってカネ儲けをしやすい環境なのです。

選手自身が人工芝を好むところもあります。エラーをしにくくなるからです。球がイレギュラーなバウンドをしないため、捕球しやすいのです。

私の現役時代、球場はすべて天然芝でした。東京の後楽園球場や神宮球場の土は田んぼの土のようでしたが、スタジアムでいちばんよい土は名古屋球場。甲子園もよい土ですが、バウンドが鋭角に入り、速い球がくる。走ったあとの土を埋めておかないと、速いバウンドでイレギュラーするので、慎重を要します。広島は、粒子の大きな真砂土《まさつち》だったため、バウンド後に何が起こるかわからない、選手にとってももっともやりにくい球場でした。

ですから、地方の球場へ行って、私たちが真っ先に見るのは土の状態でした。「今日の土は油断したらやられるなあ」と神経を働かせたものです。

一方、人工芝ではグラウンドに対する緊張感を持たずにすみます。それでも、エラーをする選手がいる。巨人の坂本勇人《はやと》遊撃手と村田修一三塁手は、2016年にそろって三井ゴールデン・グラブ賞を受賞していますが、坂本が16、村田が15も失策しています。

球がどんなにイレギュラーしても、身体の正面で受ければ、球を身体で止められます。前に落ちた球をすばやく拾って送球するのが、失策の影響を最小限に食い止めるプロの技です。これを可能にするには、打者がバッターボックスに立ったら、一瞬も氣を抜かずに構えること。構えができない者がエラーをするのです。ところが最近の野球解説者は、「雨が降っているから、イレギュラーしたのでしょう」などとふざけたことをいう。

能力の低下した人間の組織に発展はない

道具にしてもそうです。私がプロ野球に入った当時は、野球帽でバッターボックスに入っていました。そのうちに、ヘルメットを着用するようルールが変わりましたが、当初は野球帽型で、現在のように耳防護つきのものではありません。人は、いったん道具に守られてしまうと、その部分の機能を十分に働かせられなくなります。「道具が守ってくれる」と安心し、機能を自ら低下させてしまうのです。

バッターボックスには、時速150キロという速球が飛んできます。頭に当たれば大ケガをします。ヘルメットの着用がなかった時代には、わが身を守れるのは、おのれの集中力と緊張感と敏捷性《びんしょう》です。ですから、よけるのも上手でした。今、デッドボールを受ける選手が多いのは、「よける」という機能を働かせられないからです。

最近、氣になっているのは、グローブを人差し指を出してはめる選手が多いことです。「なぜか?」と聞くと、「痛いから」という。ボールは神様が与えてくれた5本の指を使うからしっかりキャッチできるのです。人差し指を使わずに豪速球を捕球しようとすると、グローブは球に弾《はじ》かれて後ろに流れ、エラーしやすくなります。

試しに、素手でキャッチボールをしてみてください。5本指を使わないと、痛くて捕れないはずです。手を保護するグローブに甘えて自らの能力をおとしめているのです。

よい環境やよい道具を与えるほど、人の能力が低下するのは間違いありません。能力の低下した人間の集まる組織に発展はなく、堕落があるのみです。

メジャーリーグではすでに球場を天然芝に切り替えていますし、ピッチャーの肩を氷で冷やしたり、コールドスプレーを使うのをやめて、流水で冷やすようにしています。これらの点は、日本も素直にメジャーに従うべきです。

組織に「革命」を起こせるのはトップだけ。

トップがバカな組織は崩壊する。

日本人の野球離れが進んでいます。少年野球のチームに選手がなかなか集まらないという話も聞きます。かつては、少年の夢といえば「プロ野球選手になりたい」がトップでした。現在は「サッカー選手になりたい」に追い越されています。これも、野球ファンが減ってきている表れでしょう。

組織が巨大になるほど、いったん堕落が始まるとそれを食い止めるのは大変です。そんなとき必要なのは、トップの力です。組織に大胆な革命を起こせるのは、トップです。野球界の未来を明るくするためには、この一言につきます。

野球の選手は野球バカばかりですが、悪人はいません。上に立つ人間がしっかりとし、

「あぁせぇ、こうせぇ。お客さんに喜んでもらうためには、こうすればよい」といえば、選手たちは「はい！」とがんばるでしょう。

野球界のトップは、コミッショナー（日本プロ野球の最高責任者）です。

私が知っている歴代コミッショナーで、とくにすばらしい人物だったのは下田武三さんです。外交官から最高裁判事になり、1979年からコミッショナーを務めました。

下田さんは、野球界の近代化を進めるとともに、プロ野球の人氣向上にとり組みました。その一つが球場の改革でしょう。「この球場は狭すぎる。今後、改造することがあったら広くしなさい。新設する球場は国際規格にしなさい」と指導しました。

これに文句をいったのは、各球団のオーナーたち。「カネがかかる」というのです。

しかし、球界における最高の権限を持つのは、コミッショナーです。下田さんは、オーナーたちの言及に屈することなく、手腕を振るいました。

ところが、最近のコミッショナーは、オーナーたちのイエスマンばかり。球団社長も同様、あなた方は天下りか出向社員かと訝《いぶか》りたくなります。野球界を牽引していける人がなかなか就任しません。「こうやれば、野球界がよくなる」ことがわかっていても、動きません。オーナーたちと対立して、クビになることを恐れているのでしょう。

たしかに日本では、各球団のオーナーたちが集うオーナー会議が最高議決機関となっているため、実際のところ、コミッショナーの権限は極めて限られています。日本のオーナーたちが、口を出しすぎるのも問題です。巨大企業が球団を道楽で持ち、広告塔のような役割で野球を考えている。「こうやったら儲かる、こうやったら損する」とカネ儲けばかりが先走って、野球がおもしろくなるはずがありません。

コミッショナーの権限拡大で球界は活性化

そうであるからこそ、コミッショナーの力が必要です。「権限がない」とあきらめては、何も変わりません。オーナーが求める「経済的な利益」を「野球最高の利益」にまで高めてほしい。「球界活性化のための改革」という目的を掲げ、「観客を増やすために、できることからやっていく。まずは、観客席はこうしなさい。球が飛びすぎるから、飛距離が適当な球に変えなさい。ＯＢを優れた指導者に育てるための勉強の場をつくりなさい」等々と話をしていけば、反対するオーナーはいないはずです。思い切った市場拡大戦略を構築することは、オーナーも求めていることだからです。そこから革命を始めていけば、コミッショナーは権威と権限を拡大する第一歩を踏み出せるはずです。

私が若くして渡米し、ベロビーチのドジャータウンでドジャースのスプリングキャンプを見学した際、当時のコミッショナーが、ドジャースのオーナーと、真剣かつ親密に話し合っている様子を毎日のように目にしました。内容はわかりませんが、2人がメジャーリーグのかかえる懸案について率直な意見を交わしていたのは、たしかなことです。日本のコミッショナーも、各球団のキャンプ地を形式的に巡るのではなく、オーナーたちと膝を突きあわせ、実のある話しあいをするべきです。

一方、オーナーたちは、自分の球団の利益にだけに固執せず、共存共栄のために意識革命を自らに起こしなさい。球界全体の繁栄なくして、自分だけが生き残ることはできません。球界の繁栄には、コミッショナーを〝球界の象徴〟に祭り上げるのではなく、新しい経営戦略のリーダーとして働ける権限を与えることです。そうすれば大きな利益が自分たちの球団に戻ってきます。そのことは、メジャーリーグのコミッショナーが50年も昔に証明していることなのです。

改革はいちばん必要なことから始めよ。

全体を直そうとすると中途半端に終わる。

米国から帰国したのち、私はサンケイスポーツで野球評論家として記事を書くことになりました。野球評論家の記事は、記者が話を聞き、それをまとめるというのが通常のスタイルです。ところが、当時部長だった北川貞次郎さんは、初対面のそのときに、「お前、字は書けるのか。書けるなら、自分で原稿を書け」というのです。

私の原稿は、北川部長が自ら見てくれました。後楽園球場のナイターが終わると、新聞社に戻って記事を書きます。テーマ選びは、一任されました。締め切りの時間を氣にしながら書き上げると、北川さんは原稿に目を通して、こういうのです。

「広岡くん、こりゃあダメだな。締め切りの時間が来ているけど、20分で書き直せ」

直せといわれても、何をどう直せばよいのかまではいわない。それでも、必死になって書き直して再提出すると、その原稿に北川さんがするすると赤字を入れていく。すると、不思議なほどよい文章になるのです。「すごい！」と、毎回感激したものです。

ある日、ゲームのポイントを5つにしぼり、原稿にまとめました。要点をわかりやすく書けた、かなりの自信作でした。ところが、またも北川さんにダメ出しをされました。

「この文章には、5つの要点があるね。読者は、一度読んだだけでは、5つものことを考えられないよ。このなかでどれがいちばん大事だ？　その1つを選んで書き直せ」

しかし、5つある大事なことを、たった1つに絞り込むのは難しいことです。

「そうなんだ広岡くん。1つに絞ることは難しい。これは、一点絞りといって新聞記事を書くうえでいちばん大事なことだ。これを覚えておくと、名文を書けるようになる」

そう教えてくれたのです。全体を書こうとすると焦点がぼやけ、結局のところ中途半端な文章で終わってしまいます。何がいちばん大事で、自分は何をもっとも伝えたいのか。文章とは、そこの一点に絞って書くと全体がうまくまとまるのです。

3年間、大手町のサンスポに毎日通い、北川さんのもとで原稿を書き続けました。そのおかげで、文章力だけでなく、野球の分析力にも磨きをかけられました。ゲームを観戦し、それを自分で原稿にまとめるため、ゲームの観方に真剣さが増したのでした。

「投手陣の強化」一点絞りで優勝へ

この「一点絞りの文章術」は、ヤクルトの監督になってからも非常に役立ちました。

私がヤクルトに守備コーチとして入ったのは、１９７４（昭和49）年です。監督は、早稲田大学の先輩である荒川博さんでした。１９７６（昭和51）年、ヘッドコーチに昇格し、この年の途中に荒川さんの後任として代理監督に就任しました。当時44歳でした。

この年、ヤクルトは5位に終わりました。私はコーチ時代からヤクルトの選手を見て、ぬるま湯ムードにうんざりしていました。１９５０（昭和25）年に国鉄スワローズとして誕生して以来、最高位の3位が二回だけ。万年Ｂクラスの負け癖がしみついていました。

このチームを立て直すには、負け犬根性を叩き直し、野球漬けで身体を鍛え直すしかないと考えました。実際のところ、投げること、守ること、走ること、そのうえ生活習慣さえも、すべてをレベルアップしなければならない状態でした。

キャンプでは、守備・走塁を重視する練習を徹底しました。ただ、それだけではAクラスに上っていくことはできません。だからといって、すべてを短期間でよくすることは不可能です。このとき、私の頭にあったのは、北川さんに教わった「一点絞りの文章術」です。原稿執筆と同じく、野球においても、組織に革命を起こすときには、一点に絞ってそこを集中的に行えばうまくいく、と氣づいたのです。反対に、すべてを改善していこうとすると、すべてが散漫になり、中途半端に終わりかねません。

では、どの部門をいちばん先に手を入れるべきか。私は、「野球の勝因は、投手が7割、打撃が3割」と考えています。打撃は個人もチームも、好不調に波があるので、あてにはなりません。長いペナントレースを勝ち抜いて日本一を目指すには、投手陣の強化と整備が急務でした。つまり、「投手陣の強化」という一点に絞ったのです。

これが功を奏しました。1977（昭和52）年、ヤクルトは初めて2位に上がり、翌年には打線の活躍もあって、球団初のセ・リーグ優勝と日本一に輝きました。「優勝までは3年かかる」という私の計算を1年も早まわる快挙を成し遂げた背景の一つには、「一点絞りの組織革命術」があったのです。

一つズルをすれば、全体がダメになる。

組織の改革は正しい方法でこそ成果が出る。

私が用いた投手陣の起用策は、当時の日本野球では画期的なものでした。メジャー方式のローテーションを導入したのです。これもアメリカで実際に学んだことでした。

私が現役の頃、日本に「ローテーション」という概念はありませんでした。投手の起用は、勝負どころでエースを使い、あとは敵チームとの相性や体調で登板を決めるというスタイルが一般的でした。また、ここいちばんという局面では監督がエースに連投を命じ、投手は勝利のために投げ続けました。しかし、そうした酷使によって、多くの名投手が選手生命を縮め、若くしてプロ野球界を去っていったのは事実です。

私も現役のときに、西武の鉄腕と呼ばれた稲尾和久が生涯で276勝をあげながら、

32歳で引退するのを目の当たりにしました。投手寿命はわずか14年、「神様、仏様、稲尾様」という流行語を生んだ名投手でした。

南海の杉浦忠もすばらしい投手でした。年間38勝をあげ、日本シリーズでは全試合に登板して4連勝しました。35歳での引退でしたが、2ケタ勝利をおさめるような華々しい投手寿命はわずか7年です。監督に命じられるまま投げ続け、右肩を故障し、手術を受けたものの、その後、もとの投球が戻らなかったのです。

こうした多くの悲劇を目にしてきた私は、「監督やチームの身勝手な思いで選手を殺してはいけない。能力のある選手を1年でも長く活躍させるのが監督の責任だ」と考えていました。それには、数人の抜きん出た投手のみに連投させることはできません。長いシーズンを見通した投手陣の整備と起用が大事と考えたのです。

当時のヤクルトは、松岡弘《ひろむ》、安田猛、浅野啓司《けいし》がエース格でした。巨人戦に際して、その3投手を集中的につぎ込みます。そうして勝利すれば、「巨人に勝った！」と、ここぞとばかりに喜びました。しかし、巨人戦で主戦級の投手を使い切ってしまうので、他チームとの戦いでは負けが続きます。これが弱いチームの定番でした。

まずは、この定番をひっくり返すことにしました。敵が巨人であっても関係ない。一度決めた順番は敵によって崩すことのない、メジャー方式の先発ローテーションを組んだのです。松岡、安田、浅野に加え、鈴木康二朗と会田照夫の5本柱で先発ローテーションを組み、抑えは速球が武器の井原慎一朗に任せるなど役割分担を明確にしました。

先発の5人組には「5回まではどんなことがあっても代えないぞ」と約束しました。

選手に誇りと責任感を持たせる

ただ、試合とは計算通りにいかないものです。先発が崩れてリリーフを早く送りたくなる場面が必ずやってきます。しかし、選手に宣言した以上、途中で代えるわけにはいきません。どんなときでも、選手に宣言したことを監督が曲げてはいけません。一つでもズルいことをすれば、選手の信頼を失い、チームの士氣を下げることになります。

この先発ローテーションは、投手に自覚と責任感を持たせる目的もありました。とくに、新たに先発に加わった鈴木と会田は、「おれも先発で投げさせてもらえるんだ」と、ずいぶん自信にもなったようです。

現在では、ほとんどの球団で先発ローテーションを組んでいます。ただし、それは本物でないことがあります。偽物は、第一に、ローテーションを固定せず、調子のよい投手を順番に使う。第二に中5日、6日、7日とそのときによってなか日が違ってくる。これらの点です。対戦相手によって、投手の入れ替えをすることもあります。

本当のローテーションとは、先発投手陣は中4日なら5人、中5日なら6人を指名し、きっちり回すものです。それを固定したら「5回までは何があっても代えないぞ」と宣言すること。すると先発投手は誇りと責任を実感し、懸命にふんばるのです。

ローテーションを対戦相手で代えるようなことをすれば、選手は誇りと責任感を失い、「監督はおれを信じていない」と不信を抱くようになります。苦手なチームは体調不良といって逃げ、勝てそうな相手のときに力投し、年間勝利数の帳尻をあわせるような小賢しい選手も出てきます。真面目な選手にバカを見させては絶対にいけません。

ローテーションを組んだら、調子がよくても悪くても、予定通りに投げさせる。そうすることで、各選手はコンディションを調整しやすくなり、勝利を収めやすくなります。また、肩をしっかり休めることができ、寿命の長い投手を育てることができるのです。

仕事は命がけでやれ。

「自分さえよければそれでよい」という考えは捨てろ。

私が巨人軍の一員だったとき、球団社長は品川主計《かずえ》氏でした。私がトップの人間として尊敬する一人です。

品川社長は、球団のために熱心に働いた人でした。その一つの功績は、吉田増蔵という整骨師を巨人軍の嘱託に引っ張ってきたことでしょう。

吉田先生については206ページでも後述しますが、骨のケガを治すことにおいて、右に出る者がいなかった人物です。ひと目で身体のどこに歪みや故障があるのかを見抜き、患部をパンパーンと素手で施術する技を持っていました。今、日本中を探しても、吉田先生のような本物の〝神の手〟を持つ整骨師はおそらくいないでしょう。

品川社長は吉田先生の話を聞き、会いに行きました。しかし、ただ会いに行ったのではありません。足に重いものをわざと落として自らケガをし、吉田先生の実力を我が目で確かめようとしたのです。

「先生、診てくれ。転んでこうなった」

そのときの吉田先生の対応もすごかった。巨人軍の社長であることなどお構いなしに、

「患者は大勢並んで待っている。先を急ぐ話があるならば、一人ずつ許可をとってこい！」

と叱りつけたのです。品川社長は、「私は巨人軍の社長です。吉田先生に巨人軍を助けてもらえないか、お願いしに来たのです」と、待っている患者すべてに名刺を渡し、許可をとりました。そうした品川社長の姿を見て、「よし、診てやろう」と吉田先生は品川社長の足を一発で治し、巨人軍に嘱託で来ることを快諾したのです。

ここまでして品川社長が吉田先生を引っ張ったのは、選手のことを真剣に考えていたからです。大事な選手をケガで失うようなことがあってはいけないと、社長もまた必死だったのです。今、選手のためにここまで一生懸命になるフロントはいるでしょうか。

共存共栄の原理が働いてこそ野球界は盛り上がる

今のトップは、チームが勝つことばかりにお金を出します。選手のことになどお構いなしです。だから、そこで死に物狂いで励む選手のことなど考えず、大枚をはたいて大物選手を他球団から引っ張り込むということをくり返すのです。

もちろん、経営者であるトップが「勝て」という権利はある。しかしそれは、現場の選手の責任者であるゼネラルマネージャー（GM）にいうことです。

メジャーリーグでは確立されているGMの仕事が、日本ではいまだあいまいです。GMの仕事の一つは、このメンバーだったらあの監督がいい、とチームを勝たせることのできる監督を見つけてくること。また、メンバーを集めるのもGMの仕事です。そうして監督がチームを勝たせることができなかったら監督がクビ。球団にとってよいメンバーをそろえられなかったら、GMがクビ。オーナーはいかに観客を集め、スポンサーを見つけるかに全力を注ぐ。これがプロの野球集団の正しい役割分担です。

ところが、日本では役割をあいまいにし、混同したままです。だから、他者の仕事にまで互いに口を出し、あいまいだからこそ、自分の責任もうやむやなのです。責任のうやむやなところで、どうしたら人は必死になって働くことができるのですか。

なあなあですめばそれがよいという自分勝手さで、選手の育成を考えない。これは、「自分さえよければそれでよい」と考えることの多い日本人のずるさです。

アメリカにも、資金の潤沢な球団があれば、赤字球団もあります。資金のある球団のなかには、規定されている以上の大金を遣って選手を集める球団もあります。そうした球団には、罰金が科せられます。その罰金は、赤字で弱い球団に分配されます。それに文句をいう球団はありません。共存共栄の原理が浸透しているからです。

メジャーリーグでは、ただ勝つのではなく、よい試合をして勝つことが求められています。ワクワクハラハラする試合でなければ、観客は入らないのです。そうしたよい試合をするには、対戦相手も強くなければいけない。「自分のチームさえよければいい」という考えでは、野球界が盛り上がらないことをよく知っているのです。

野球は、全球団が共存共栄で常勝軍団を目指してこそ、おもしろくなります。それは、自らの仕事に責任を持ち、死ぬ氣でとり組むトップたちがあってこそなのです。

第5章

日本人が目指すべき姿

1992年1月22日、野球殿堂入りを果たし、大阪市内のホテルで喜びの記者会見。(写真提供:共同通信社)

リーダーは責任をとれ。

日本人は責任のとり方を忘れた〝小利口な民族〟。

「大和魂」という言葉があります。かつて、日本に軍国主義が台頭した時代、日本精神の優位性を示す排他的な言葉として、もっぱら使われるようになりました。ですから、敗戦を体験した世代や、敗戦後に「軍国主義は過ちだった」と教育を受けた世代の方々は、この言葉に違和感を持たれることもあると思います。

しかし本来、大和魂とは、日本人ならではの精神や知恵、才覚、情緒などを表す言葉です。この大和魂をもう一度日本人の心に宿すことが、これからの日本には必要です。

日本人の精神から大和魂を排除したのは、ＧＨＱ（連合国軍最高司令官総司令部）のマッカーサーです。マッカーサーは、日本人の精神力が強固で、米軍を苦しめる元凶となったのが大和魂であることを見抜きました。だからこそ、「この国の者たちがこのまま大和魂を持ち続けたら、敗戦から立ち上がったあと、再び世界に台頭する」と脅威に思い、日本人の精神から大和魂を排除することに努めたのです。

その方法として行ったことの一つが教育勅語の廃止でした。少年時代、私たちは校長先生のあとに続いて読み上げ、暗記しました。最初は意味もわかりませんでした。それでも「親孝行をしなさい」「兄弟姉妹仲よくしなさい」「夫婦は互いに大事にしなさい」「友だちとは互いに信じあいなさい」、そして「国を大事にし、国に万一の大事が起こったら国のためにつくしなさい」というのは理解できました。これこそ、日本人が古《いにしえ》から心のなかで育んできた精神ではなかったでしょうか。

マッカーサーは、この教育勅語が日本人の強さの源だと見抜いた。単一民族国家である日本人が精神を一つにしたら、多民族国家のアメリカにとって恐るべき脅威です。ところが、当の日本人はそれに氣づかず、いわれるままに捨て去ってしまった。今、再び教育勅語を活用しようという動きが出てきています。反対に、軍国主義が再興されると懸念する声も強くあります。しかし、天皇が象徴となり、敗戦の壮絶な苦しみを経験した日本が、再び軍国主義に突入することがあるでしょうか。それよりも、日本のすばらしさと強さをとり戻すため、大和魂を持った人間を教育で育てるべきと思うのです。

その必要性は、世界情勢を見ればわかります。北朝鮮がさかんにミサイルを発射し、日本を脅かしています。しかし日本人は、いつ、国内に着弾するかわからない状況にあるにもかかわらず、他人事のように眺めてしまっています。その心には、いざとなったらアメリカ軍が守ってくれる、という安易な氣持ちがあるのでしょう。しかし、はたしてトランプ政権が、異国である日本を未然に助けてくれるでしょうか。

大和魂とともに失われた日本人の責任感

日本人は、教育勅語を捨て、大和魂を忘れました。それによって、日本人としての本質を失いました。本質がない者は、人真似をするしかなくなります。日本人は真似ばかり上手な小利口な民族になりました。その民族性には、責任感が欠如しています。

たとえば野球界は、メジャーリーグになんでも追随すれば世界基準に達すると勘違いしています。それによって日本野球がよくなるならば賛成ですが、実際には、日本野球のよさを奪ってしまうルールばかりを導入しています。

なぜ、安易にメジャーリーグの真似をするのか。何か問題が起こったとしても、「メジャーがそうしているのだから」と、トップが責任から逃れられるからです。

責任感の欠如は、情けないことに、政治家にも広まっています。東京オリンピックのエンブレム騒ぎでは、オリンピック委員長の森喜朗氏が「おれは知らんよ」ですまし、責任もうやむやなままマスメディアもこの問題をとり上げなくなりました。東京・築地市場の豊洲移転問題も、これを決めた石原慎太郎元都知事に対し、東京都議会百条委員会は証人喚問を行いましたが、「自分に責任はない」と詫びもなく責任を放棄しました。

そして今、安倍晋三内閣総理大臣がいくつもの責任問題の渦中にいます。そのすべてを「知らぬ」「存ぜぬ」で通し、責任の所在も明らかにできない総理大臣に、国の舵取《かじと》りという大責任を任せるしかない、非常に情けない状況に日本はあります。

「責任をとる」というのは、自分の過ちを認め、要職を辞して詫びること。その前に、自分は何を誤ってしまったのか、いくらの損失を出したのか、説明責任を果たすこと。その覚悟の持てない無責任な人間は、組織のリーダーになるべきではありません。

日本には日本のよさがある。

アメリカに追随するのはやめよ。

単独渡米から戻ってきたのちも、私は何度もアメリカ野球の視察に向かいました。以前は、球場にあるトイレも「ホワイトオンリー」「イエローオンリー」と表示され、完全に分けられていました。人種差別が色濃かった時代、アメリカへ行くと、白人、黒人と来て、黄色人種はいちばん下に見られたものです。最近は、表だって人種差別されることはなくなりましたが、アメリカ人の心には黄色人種を下に見る氣持ちは少なからず残っていると感じます。

日本にいれば、私たちは「黄色人種」だと差別されることはありません。「日本人は優しい」「日本は安全で住みやすい」という日本人の優位性を伝える情報が、日々流されてくることもあって、もしも白人社会に自分が生きることになれば、差別される存在になり得るとは思いもしないでしょう。日本人は単一民族です。肌の色の違いが差別を生むことは知っていても、その厳しさと悔しい実情は、経験しなければわかりません。

日本には他国にはないすばらしさがたくさんあります。自国にいると、それが当たり前になり、見えにくくなります。しかし、日本人であるならば、それを努めてでも意識して見つめ、おのれのプライドとすることです。

これは、野球界も同じです。血氣盛んな若者が、世界最高峰といわれるメジャーリーグで「自分の能力を試したい」と夢見る氣持ちはよくわかります。

日本でFA（フリーエージェント）制が導入されたのは、1993（平成5）年です。現在は、ドラフトで入団した高卒の選手が8年間在籍すれば、どの球団とも自由に契約できます。海外移籍のFAは9年の経過で取得できることになっています。

選手の立場からすれば、ドラフト会議で希望球団を選べないのですから、9年間がまんして実績を積めば、メジャーリーグに挑戦できるという制度は、望むところなのだと思います。ここに反対しようとは思いません。ただ私は、「ポスティングシステム（入札制度)」で、有能な選手を若いうちに海外に出すことには反対です。

ポスティング制度をやめるべき理由

日本の選手がポスティングシステムを利用してメジャーリーグに移籍する制度は、1998(平成10)年に調印された日米協定で創設されました。メジャーリーグに「契約可能」を告知(ポスティング)するので、「ポスティング制度」とも呼ばれます。2017年現在、選手がこの入札制度を使ってメジャーリーグへの移籍を希望した場合、球団は2000万ドル(約23億6000万円)を上限とする譲渡金を設定することになっています。譲渡金は、日本人選手が入団する米球団から、日本の球団に全額支払われます。ですから、移籍を認めた日本の球団は、巨額の臨時収入を得ることになります。

反面、活躍中の大型選手がいなくなるのですから、戦力に大きな穴が開くというリスクを抱えることにもなります。その代償の大きさは、大黒柱であった田中将大投手をヤンキースにポスティングで移籍させた楽天を見るとよくわかります。2013(平成25)年に球団初の日本一になった楽天は、田中が移籍した翌年、最下位に転落しました。

23億円の譲渡金を得た楽天の代償は、あまりにも大きいものでした。

ではなぜ、選手層の厚いメジャーの球団が、日本の若手選手を大金を払ってまで「欲しい」と思うのでしょうか。アメリカのゼネラルマネージャーは多くが、ビジネスの手腕に長《た》けています。つまり、それだけの大金を払っても球団にメリットがあると踏んでスカウトするのです。野球の能力はもちろんですが、ジャパンマネーが入ってくるというビジネス上の観点が大きいのです。

日本で有望の若手選手が、メジャーに行ったところで、そこは差別意識の強い多民族国家の世界です。よほどの実力とメンタルの強さがなければ、日本人が出場機会を得ることはできないでしょう。それならば、日本野球で実績と社会性を十分に積み、FAを獲得してから挑戦させればよい。アメリカという他国に目を奪われる前に、自国である日本のよさにまずは目を向けさせるべきでしょう。それを周囲の大人が教えるべきです。

くり返します。ポスティング制度はやめるべきです。なぜ、日本が生んだ優秀な若い選手を、メジャーリーグに送り出すのですか。日本の土壌でしっかり育て上げたのちに、大舞台に挑戦させようとはしないのですか。そこは決して楽園ではないのです。

育ててくれた場所を〝男〟にしてこそ本物。

それができないのはバカ。

正力松太郎氏が、プロ野球の創始者であり、巨人軍の初代オーナーであることはご存じのとおりです。正力氏は、オーナーとして余計なことをいっさいいわない人でした。出てくるのは日本シリーズのときだけ。リーグ優勝しても、私たち選手は重荷を下ろすことはできません。ふだんは現場に任せて余計なことをいわないオーナーだけに、「日本一になれなかったら、全員クビだぞ」と無言の圧力を感じて、みな必死でした。

私が引退する前年、中日ドラゴンズへのトレードの話が表面化しました。考え方のあわない選手を、トップが排除したいと考えるのは世の常です。川上監督と考え方の違いから衝突をくり返す私を、監督は外に出そうとしたのでした。

私には、巨人軍の大看板を背負ってきたという自負がありました。「常に強くあれ、球界のリーダーとなれ」と努力し、忠実に守ってきました。第一、私は正力オーナーの示した「紳士であれ」という指標が好きでした。だから巨人軍以外の球団で、プロ野球生活を送るつもりにはなれなかったのです。その氣持ちを中村天風先生に伝えると、

「それなら、巨人の広岡として死ね」

先生のこの言葉に背中を押され、引退を決意しました。私は、2代目オーナーの正力亨《とおる》氏に引退の意志を伝えました。このとき、川上監督との間に入ってくれたのが正力松太郎初代オーナーでした。「君は巨人軍に必要だ。残れ」と、有無をいわさない重みのある声でいってくれたのです。私には引退の意志を覆す氣持ちはありませんでしたが、オーナー親子の私に対する理解と配慮は、何よりもうれしいものでした。

ただ、巨人軍の場合、オーナーは絶対君主に相当します。とくに、プロ野球創始者である初代オーナーの意志は絶対そのものでした。しかし、川上監督との亀裂は広がる一方で、私の出場機会は減少し、1966（昭和41）年のシーズン終了後、引退しました。

私は川上監督以前の水原茂監督に育ててもらった選手です。正力松太郎氏がオーナー

として巨人軍を形成する姿勢もすばらしいものでした。巨人軍は、私がプロ野球人として生まれ、育った、いわば故郷です。郷愁は人間としてごく自然な感情です。ただ、私の場合、正確にいえば、故郷に対する愛着というよりも、その故郷で心に刻み込まれた野球理念に対しての愛着といえました。

その理念とは「常に強くあれ」「メジャーリーグに追いつき、追い越せ」「紳士であらねばならぬ」でした。突き詰めれば「プロ野球界のリーダーであれ」でした。

巨人を退団後、中日の社長が私をコーチに招聘《しょうへい》したいと熱望し、天風師に相談したら、「広岡には天運がまだ来てない」と断わったと聞きおよび、自分でも勉強不足を痛感していたので、指導者の勉強を始め、やがてアメリカでの武者修行につながりました。

恩返しのできない者は〝男〟ではない

多くのファンは、昔どおり巨人軍の野球をベストと考え、子どもたちもそんな野球をお手本にしている傾向があります。しかし、当の巨人軍はリーダーにふさわしい、盟主たる野球をしているでしょうか。「できていない」と、私には断言できます。

引退後、私の胸には、名実ともに球界の盟主であった時代の巨人魂を、日本中に知らしめたいという思いがありました。それが故郷である巨人軍への、私なりの恩返しと考えたのです。恩返しのできない者を〝男〟とはいえません。ただのバカです。

同時に、球界の盟主としての誇りを失った巨人軍の野球を、このまま是認する風潮が続けば、やがて日本の野球界そのものが間違った方向に進んでしまうという、強い危機感もありました。この危機を防ぐ手立ては何でしょうか。おごり高ぶる巨人軍を倒し、日本一の座から引きずりおろし、私のなかにある巨人魂を見せつけることでした。

では、巨人の何が堕落しているのでしょうか。生え抜きの選手を大切に育てないことです。金満球団のごとく、外から主力選手を連れてきて補強し、使い捨てにしているのが、今の巨人軍です。ファームで必死に励む多くの逸材を育てることもせず、飼い殺しにしたまま、即戦力ばかり求めている。私や長嶋や王がそうであったように、生粋の巨人選手を育てず、日本中を野球で沸かせることができるでしょうか。

私は西武監督時代、日本シリーズで巨人を倒し、若かりし頃に培《つちか》った野球魂を巨人軍に見せつけました。そうしてやっと一つの恩を故郷に返せたのだと思っています。

子どもには多くの経験をさせたほうがよい。

スポーツも諸芸も一つの英才教育はよくない。

「三つ子の魂百まで」という言葉があります。これも、私たち日本人の意識下に深く刷り込まれた考え方の一つでしょう。「幼い頃の性格は、年をとってもずっと変わらない」という意味です。このことわざが、近年になって「3歳までに英才教育をすれば、立派に育つ」という意味に誤って解釈されているのが、氣になります。

なぜ、一つのことわざの解釈が、捻《ね》じ曲げられて社会に流布したのでしょうか。それはコマーシャリズムの影響です。現在、教育は「カネのなる木」と化しています。子どもの大成を願うのは、親の常。それをカネ儲けに利用しようとしている人たちがいる、ということです。大事なわが子の大成を願うのならば、流れてくる情報を鵜呑《うの》みにせず、情報の真偽をはかる賢さを親が持たなければいけません。

はっきりいいましょう。「早いうちから英才教育をすれば子は立派に育つ」というのは間違いです。子どもには多くの経験をさせ、正しく身体と心を育ててあげることです。とくに野球に限っていえば、本格的に始めるのは中学2年生がベストです。

子どもの骨は柔らかい性質を持ちます。幼いうちから一つの競技に専念すれば、骨の変形を招きます。たとえば、投げすぎると、肩と腕の骨が正常に成長できなくなります。関節のなかに小骨片ができることもあります。こうなると、投げるだけで痛みが出て、もっとも成長を望める時期に野球ができなくなってしまうのです。

アメリカの猿真似には断固反対の私ですが、よい部分は積極的にとり入れるべきだとも考えます。その一つが少年野球における投球制限です。これはえらいと思う。子どもの将来を守る対策です。日本の野球は、少年のチームであっても「勝ち」にこだわり、子どもの骨の成長も考えずに無理をさせる指導者が多い。いっときの勝ちを目指して、子どもの将来を大人が潰《つぶ》してはいけません。

ただし、プロの選手が投球制限をするのは反対です。骨がしっかりできあがっているのですから、せめて5回までは先発投手としての責任を持って投げさせるべきです。アメリカで投球制限するのは、すべてにおいて平等であることが正義の多民族国家だからです。しかし、日本は単一民族です。「自分の役割に責任を持って、死ぬ氣でとり組む」という大和魂こそ正義ではないでしょうか。単一民族である日本野球にて、投球制限をするのは選手を甘やかし、日本野球をつまらなくさせるだけのルールです。

先発ローテーションを正しく組んでいれば、休養日をしっかりとれるのですから、投球制限など必要ない。それでも肩を壊すのは、基本に沿った正しい投げ方をしていないか、少年期に無理をし過ぎたかのいずれかです。私がスカウトだったら、若いうちから肩に痛みを持つ選手は、どんなに豪速球を投げても選ばないでしょう。

少年時代は運動神経を全身に行き渡らせよ

私も野球を本格的に始めたのは、中学生になってからです。1932(昭和7)年生まれの私は、戦時中に少年期を過ごしました。あの時代、少年たちの夢は立派な軍人になって、国を守ることでした。

私は、海軍兵学校に入ることを目指していました。それには、身体が機敏でなければいけない。毎日暇さえあれば、鉄棒の大車輪や、背面起き上がりなど、機械体操の難しい技の多くに挑戦していました。雲梯《うんてい》も、一段抜きは序の口、みなが二段抜きをして遊んでいたものです。身体のバランスのよい子ならば、誰でもできることです。

走るのも運動するのも、いつも裸足です。逆立ちで歩くのも、みんなができました。運動会の競技の一つだったからです。「相撲は身体によいからやれ」と大人たちからいわれていましたから、友だちと遊ぶときには自然と相撲になります。その遊びのなかに、野球もあった。けれども、野球だけをする、ということはありません。そうやって全身を動かす経験を日々少年期に積んでいたおかげで、大学野球で活躍でき、プロの世界に入ってからも選手生活を全うできたのです。

少年時代は、運動神経を全身に行き渡らせる時期です。芸術の分野であれば、感性を全身に行き渡らせる時期ともいえるでしょう。技術の修練は、中学生からでも十分に間に合う。そのとき伸びるかどうかは、「自分ならやれる」「誰よりもうまくなってやる」という積極精神をどれだけ持てるかがカギ。親はその自信を育んであげることです。

暇があれば走れ。

米国人のような隆々の筋肉は必要ない。

今のプロ野球選手は、むだな筋肉が多すぎます。あれもメジャーリーグの猿真似です。日本人の身体に、あんなに隆々とした筋肉は不自然です。不自然なことをしていたら、そこからケガが起こる。うまくなることもありません。

日本野球にウエイトトレーニングを初めてとり入れたのは、広岡達朗だという人がいますが、これも間違いです。私の現役時代、川上監督から「ウエイトトレーニングがよいらしいから、みんなやれ」といわれて、道具を買わされたことがあります。しかし、みんなやり方がわからず、結局は漬物の重しに終わりました。

昔の巨人軍は、そんな道具など必要ないほど、暇さえあれば走り込んでいました。「足が地面に着いたと思ったら、パッパッと動けるようになれ」と、常にいわれたものです。

「下半身がまずできてから、上半身ができていくのが自然だ」

とも教わっていました。上から鍛えたのでは、野球に必要なよい筋肉はできていきません。下から上に鍛えてこそ、プロで通用する筋肉が全身に行き渡るのです。

ノックも1年目に捕れる範囲と、2年目、3年目で捕れる範囲が同じであることは許されませんでした。どんどん広くしていかなければならないのです。成長していなければ、「去年と同じ範囲しか捕れていないではないか!」とコーチにしごかれました。

そうやって走り込みとノックを積み重ねたことで、守備においても、足の裏が着いたか着かないかわからぬうちに、足が俊敏に動くようになっていったのです。

一度、大井競馬場のダートコースを走ったことがあります。砂場ですから、普通ではスムーズに走ることはできません。しかし、足が着いた瞬間に動く走り方であれば、砂場でもスイスイと走ることができます。いってみれば、砂場でも走れる足を持つことが、野球人には必要だということです。

みなさんは、「球は手で捕る」と考えているでしょう。プロの選手でもそう思っている人が多い。しかし、違います。野球は「足で捕り、足で投げる」が正しいのです。

走る力がなければ、捕球を正しい構えで行うことができません。身体が間に合わないからです。最近は、バックハンドという不自然な体勢で捕球し、エラーをする選手が多くなっています。球がイレギュラーしない人工芝でエラーをするのは、捕球がヘタだからです。下半身ができておらず、走る力がないため、正しく構える間を失うのです。

また、投げるときにも足が必要です。ピャッと捕って、ピュッと投げる。球を捕るのは、投げるためです。このスピーディな一連の動作を支えるのが足です。それができない選手は、捕球と投球がバラバラになってしまう。捕球してから、数歩走って投げるプレーをする選手をよく見かけますが、あれも足がプロの域に達していない証明です。

野球人は走る、捕る、投げるで筋肉をつくれ

私がヤクルト監督時代に始めたウエイトトレーニングは、走り込みにプラスするためのものでした。当時のヤクルトには、腹筋も背筋も一回もできない選手がいました。ケガの多さも目立ちました。ここを改善する必要があったのです。そこで、陸上の先生を

招き、走ること重視のトレーニングを始めました。そのうえで、たりない部分をウエイトトレーニングで補うことにしたのです。また、跳んだり、横に走ったり、くぐったりといったトレーニングもしました。みんな汗だくになり、ふうふういいながら野球に必要な筋肉をつくり上げていきました。

現在は、専門のトレーナーが選手について指導しています。彼らは筋肉をつけさせる専門家かもしれませんが、野球に対する知識はどれほどでしょうか。もし、本当に知っているのならば、選手たちがあんな身体になるはずがありません。胸板が厚く、首がどこにあるかわからないほどです。胸板に邪魔されれば、投球時に不自然で窮屈なフォームになります。身体の理にかなっていない投球は、いずれ肩を壊す原因になります。

故障者が多いのも、鍛え方が間違っているためです。実際、走り込みをほとんどさせず、ウエイトトレーニングばかりさせるコーチが人氣ですから、おかしいのです。野球選手が手術をしたら、以前の投球は戻らなくなります。これは絶対です。野球人ならば、走る、捕る、投げるという基本練習によって必要な筋肉はつくるべき。その上で足りない部分をウエイトトレーニングで補う、というのが本当の鍛え方です。

損得で物事を考えるな。

それが「自然」かどうかで考えろ。

大規模な自然災害がたて続けに起こっています。地震もそうですし、大雨による大規模洪水にも見舞われています。それによって、住む場所だけでなく、命まで失う人たちがいます。長期間の避難生活を余儀なくされる人たちもいます。

前述もしましたが、私は戦中、戦後の時代に少年期を過ごしました。得られる食糧といえば、配給でもらえるものだけ。私たち子どもはみな、わずかな配給を求めて長時間並び続けました。そうしてやっと手にしたのは、わずかな米ぬかです。「食べられるものがあるだけありがたい」と、これを水でのばして大事に口に入れたものです。

現在の日本は、インターネット社会に突入し、誰でも情報を発信できるようになりました。しかし、「本当に大事なこと」を伝える人が少なくなりました。誰でも情報発信できるぶん、大勢と異なることをいうと集中的に叩かれ、非難の的となるからです。だからこそ、誰かが「違うことは違う」「正しいことは正しい」と発信すべき時代です。それをやるべきなのは、歴史を知っている私たち最年長の世代ではないでしょうか。

私たちは、歴史を大切に学ばなければいけません。自然災害によって、なぜ命を失い、生活の基盤を失う人が増えているのでしょうか。歴史を忘れているからです。

自然災害は、今初めて起こるものではありません。長い歴史のなかで、幾度かくり返されてきたことです。その歴史が、危険な場所を伝えてくれていたはずです。しかし、その危険な場所をコンクリートで覆ってしまったら、それが見えなくなります。

ではなぜ、危険な場所をコンクリートで覆うようなことをするのでしょうか。人が住めるようにするためです。そうすれば、土地や家が売れるからです。

今、人命よりも儲けを優先にする人が増えています。これは事実です。だからといって、そんな輩《やから》を非難するだけで、社会はよい方向に変わりますか。それよりも大事なのは、そこに住まうことを考える人間が、歴史から学ぶ姿勢を持つことです。自らの目でその地が自然に反した場所ではないかと確かめることが必要なのです。

日本人はもともと自然と隣り合うように生きてきた民族です。四季の恵みを大事にし、自然が起こす災害は「しかたのないこと」と受け入れながらも、その被害を最小限にできるよう、日々備えていたはずです。

「地球があって人間がいる」という当たり前を忘れてはいけません。私もこのありがたさを80歳を過ぎてしみじみと感じるようになりました。人の身体は自然の産物であり、地球に生かされている人間は、自然に反したとたん、命・健康・財産を脅かされることになります。それなのに今はどうでしょうか。「それが自然なことかどうか」ではなく、損得で考える人が多くなっています。情けないことに、野球界もそうです。

現場もフロントもみな命がけでやれ

アメリカでは球団を持つオーナーは尊敬されます。その尊敬を裏切らないために、命がけで野球をする組織に発展させ続けます。だからメジャーは、ファンを惹きつけるのです。ところが日本は、損得で考えています。オーナーの多くが本社からの出向で、球団がよい成績を収められなければ本社に帰っていきます。得を生まない人間は、首をさしかえるだけ。トップが命をかけていないから、野球がつまらなくなるのです。

日本の野球も、現場もフロントもみなが命がけでやる集団になれば、メジャー以上におもしろいものに育つはずなのです。それができないのは、なぜでしょうか。前述したように、現場の人間は野球バカばかりで悪い人間はいません。フロントが損得をいったん忘れ、「選手を育てながら勝つ」という自然な流れにシフトすればよいのです。

私は、楽天が創立されるとき、オーナーから「勝てる球団にするにはどうすればよいか」と相談されました。「勝ち癖のあるコーチ陣で固めればよい」と答え、コーチを集めることを引き受けました。「勝ち癖がある」とは、選手を正しく指導する能力に長けているということです。ただ、どんなによいコーチを配しても「優勝できるまでには、最低でも3年はかかる」といいました。選手が育つまでには、当然、時間がかかるからです。ところがオーナーは「1年で勝てるようにしたい」と、私以外の人間と交渉を始めたため、私は手を引きました。一代でビジネスを大成させた自信家が、損得で計算したのは明らかでした。結局、楽天が優勝するまでには8年を要したのでした。

見方を変えれば、考え方が変わる。

考え方が変われば、自分の生かし方が変わる。

天風師と並び、私が生涯の師と仰ぐのが、心身統一合氣道を創始した藤平光一師です。光一先生とは大変深いつきあいをさせてもらいました。自分を鍛え抜くことにおいて、すさまじさを持った人でした。栃木県・鬼怒川の正月稽古には、過去三回、同行しました。正月の行《ぎょう》として真冬の鬼怒川に入るのです。早朝でしたから、旅館の部屋も寒くて、朝起きると畳に霜が降りているほどです。川の水は、文字どおり身を切る冷たさです。当時は、マイナス10度くらいまで下がっていたと思います。そこに、光一先生が先頭を切って「入れー！」と掛け声をかけ、みなで駆け込んでいくのです。

心身統一合氣道の道場へは、多くのプロ野球選手も通っていました。私は前述した、早稲田の先輩であり、毎日大映オリオンズ（現・千葉ロッテ）で活躍した荒川博さんに、「すごい人がいるんだ」と紹介してもらいました。また王貞治の一本足打法は、光一先生の教えによって生まれたものです（180ページのコラムで詳しくお話しします）。

心身統一合氣道とプロ野球の関係は深く、光一先生の継承者で現会長の藤平信一さんは、2010年から米メジャーリーグのロサンゼルス・ドジャースで、現在はサンディエゴ・パドレスで指導をしています。私も以前からドジャースに指導に行っていまして、ドジャースが合氣道をとり入れるきっかけとなったのは、ドジャースの関係者に私が大柄で若い米国人をコロンと投げて見せたことだったのです。身体と心を正しく使うには、力だけではどうにもなりません。「氣」というものが大事です（172ページ参照）。

先代の光一先生は2011年に91歳で亡くなられましたが、現在、心身統一合氣道は世界24カ国に広がり、3万人もが心と身体のセルフマネジメントを学んでいます。

私はもともと疑り深いものですから、当初、光一先生が弟子をヒョイヒョイと投げる様子を見て「八百長じゃないか」と信じられませんでした。しかし、3日間じっくりと見ていると、それが八百長などではなく、本当に投げているのだとわかりました。「これは本物だ」と確信してからは、早朝稽古に通うようになりました。当時の内弟子の人たちも全く手加減などしてくれません。現役時代はシーズン中もオフも一年中、稽古に通いました。現在も道場に選手を連れていき、藤平信一会長の指導を受けさせています。

見方を意識的に変えろ

ある日のことです。私は、光一先生にこんな悩みを相談しました。

「ゲッツー（ダブルプレイ）を狙うとき、ランナーが邪魔になるんですよ」

球を投げるとき、走者に当ててはいけないし、走者がいると視界が遮られて先にいる味方が見えにくいことがよくあるのです。すると、光一先生はこんなふうに答えました。

「おまえは車の運転をするだろう。そのとき、ワイパーは邪魔になるのか？」

「いいえ、邪魔にはなりません」

「同じことだよ。そんなもん、氣にするかどうかだ。氣にしなければ、走者がいようといまいと、投げることに変わりがない」

簡単な会話でした。しかし、この教えには、人生に活きる大事な教訓が含まれています。どんなことも「自分がどう見るか」「氣にするか、しないか」が重要なのです。見えるものも心に留めなければ氣になりません。ところが、ひとたびそれを氣にしてしまうと、とても厄介に感じられます。物事とは、ちょっとした意識の持ち方でまるで違って見えてくるものなのです。

この教えは、指導者になってから、選手を正しく導くうえでも役立ちました。

たとえば、選手に目隠しをさせます。目隠しをしても、周りの雰囲氣はわかるので、通常、5メートルくらいはふつうに歩くことができます。次に「目隠ししたまま、走れ」といいます。走れれば「おまえは間違っていないぞ、神経は大丈夫だ」といえます。

最後に「バットを振れ」とやらせます。体幹がびくともせずにしっかりと振れれば本物です。「自信を持て」と力づけることができます。反対に身体の軸がぶれたら、振り方に間違いがある証拠です。ここから打撃の改善点を探っていくことができるのです。

目に見えることがすべてではありません。見えないことに真実が隠されていることもあります。悩みのいちばんの解決法は、見方を意識的に変えることです。物事をどう見るのか。それは、自分をどう生かし、人をどう生かすかにつながっていくことなのです。

何ごとにも〝氣〟を出せ。

ただやるのと〝氣〟を出してやるのでは結果が違う。

巨人軍に入団して数年、私は壁にぶつかっていました。努力しても努力しても、打率が伸びない。どうにも越えられない壁を感じ、氣力が萎《な》えそうになっていました。野球の技術にも問題があったのかもしれませんが、全体的にうまくいかないのは、心の問題ではないか、と感じていました。

野球を仕事にしているわけですが、こうなってくると野球が楽しくなくなってきます。毎日試合に出るのも嫌になってくるほどでした。そんなつまらない考えにとりつかれていたときに、中村天風先生の会に参加して心身統一法に接するようになりました。

藤平光一先生の主宰する心身統一合氣道と出会ったのはその少しあとです。打撃がうまくいかずに悩む私に、光一先生はいいました。

「打席に立てば、球が来るんだろう。来る球を待ち、ただ打てばよい」

いわれてみればその通りです。その待つときに、〝氣〟が大事といわれました。

合氣道には「入り身」という動きがあります。攻撃してきた相手に対してまっすぐ入るのが入り身です。合氣道の基本の一つですが、「怖い」と思うなど氣が引けていると、なかなかできません。バッティングはこの入り身とよく似ています。ボールに差し込まれてしまうのは、氣が引けているからです。ましてや身体に反動をつけて引いてしまうと、氣がぶれて、バットに球を命中させるのは絶対に無理です。「かっこよく打ってやろう」「おれのすごいところを見てろよ」などと色氣や欲が出てしまっては、氣に迷いが出ます。それが打率にも表れるのです。

私はふだん〝気〟ではなく〝氣〟という字を使います。〝氣〟には四方八方に広がっていくという意味があるからです。では、氣とは何でしょう。日本語には〝氣〟を含む言葉がたくさんあります。〝氣持ち〟〝元氣〟に代表されるように、誰もが持っていて、誰もが活用できるものです。氣とは生きる力のことであり、生命力とも表現できます。

その氣を私たちは四方八方に出しながら生活しています。たとえば、話すのも歩くのも走るのも、「そうしよう」という氣持ちがあるから行えることです。氣が働かなければ、人は何の動作もできません。そうだとするならば、「氣を出す」ということを意識して行動したほうが、人生の一つ一つがもっとうまく行きます。

私たちが出した氣は、外から出される氣と交流します。たとえば、自然の美しいところへ行くと、氣分が清々しくなります。これは、自然と氣が通っていることを示しています。ならば、「ああ、氣持ちがよいな」と思うだけでなく、「自然からよい氣をたくさんもらってる」と深く息を吸い込めば、それを生きる力に変えることができるのです。

自然とも道具とも氣を通わせる

私たちは大自然の一部です。自然とは氣を通じてつながっています。この状態を「氣が通う」といいます。ところが、何らかの原因によって氣を出せなくなり、自然や他者と氣を通わせられなくなることがあります。この状態を「氣が滞る《とどこお》」といいます。自分からは氣を出し、自然からは氣をもらう。氣を巡らせると、氣の滞りはなくなります。

現役時代の私が思うように打率を伸ばせなかったのは、打席に立ったとき「川上さん、おれのすごいところを見てろよ！」と氣負いすぎて、氣が滞っていたのでしょう。

打者は、バッターボックスでバットを持っているとき、バットの先端まで氣が通っているのが本来の姿です。私たちの氣は、物とも通いあっています。道具と氣が通っていると、それが身体の一部のようになり、自然と動かせるようになります。「よい当たり」とよくいいますが、清々しい音を響かせて球が飛んでいくときには、打者とバットと球という三身の氣が自然と通っているものです。

ところが、自分が氣負っていると、知らず知らずのうちにバットを強く握りしめています。すると、両手で氣を止めてしまい、バットの先端まで氣が通わなくなり、飛んでくる球に氣を出せません。だからといって、力を抜こうとゆるく持ったら、勢いのあるボールを打ち返せなくなります。氣の使い方を知ってこそ力は発揮されるのです。

こうして考えると、物事がうまくいかないのは氣が滞り、氣を通わせられなくなっているからとわかります。最初はわかりにくいかもしれません。それでも、今日から氣を通わせることを意識していけば、おのれの力で人生をよい方向に変えていけるでしょう。

臍下の一点に心を静める。

氣が無意識に通うようになれば、人生は好転する。

氣が通うようにするためには、それを意識することから始めます。ただし、意識しなければできないのでは、本物とはいえません。氣とは「意識」の領域ではなく、「無意識」の領域です。無意識に自然と氣が通う状態になってこそ一人前です。ここでいう「無意識」とは、「不用意な」という意味ではなく「意識せずとも行える」という意味です。

たとえば、野球の打者であれば、立って、構えて、打つという一連の流れを一つ一つ意識していたのでは、間にあいません。とくにプロ野球では、100キロ以上ものスピードのある球を打ち返すことになります。「打つ」という目的があって、あとは身体が無意識に反応し、動くからこそ、球のスピードにも対応できます。

この無意識が最大限に発揮されるのが、氣が通っているときです。頭であれこれ考えなくても、周りの変化を瞬時に感じとり、反応できるようになります。反対に、調子の悪い選手は、あれこれと考え過ぎて、その意識が動きを邪魔しているのです。

では、どうすれば無意識のうちに氣を通わせられるようになるのでしょうか。

私が心身統一合氣道で、光一先生に教わったのは、「臍下《せいか》の一点」を大切にせよということでした。それが光一師の教えの中心を成していました。

臍下とは、心身の活力の源である氣の集まるところとされています。

お腹にグッと力を入れてみてください。臍《へそ》から下のほうに指で軽く触れていくと、下腹に力の入らない場所があることがわかります。ここが臍下の一点です。

ここに神経を集中させてみましょう。心がしんと澄み渡ってこないでしょうか。そのとき、物事が正確に見えてきます。動くときも同じです。中心が定まっていてこそ、素早い正確な動作が可能となります。中心が動揺していては、正しい動きはできません。

心は身体に大きな影響を与えます。心が緊張すれば、身体も緊張します。反対に、臍下の一点に心を静めることができれば、身体の力みは自ずととれます。

心が静まっているとき、私たちの意識は、臍下の一点に集まっています。反対に、イライラしたりカッカしたりとよくない感情にとらわれているとき、氣は頭に上がっています。緊張しているときも、悩んでいるときも、意識は上にあります。意識が上がっていては身体もフワフワグラグラと浮き上がっているような状態になり、安定しません。スポーツ選手であればよいプレーはできません。日常生活でも、疲労感が強まりますし、思考が定まらないので、仕事も勉強も氣が散ってはかどらないでしょう。

そんなときこそ、臍下の一点に心を静めることです。そうすることで、氣を上手に通わせることができるようになっていきます。ただし、心を静めることは、心の動きを止めることではありません。臍下の一点に心が静まれば、心の正常な働きは、より活発になります。反対に意識が頭に上がっていると、心の正常な動きは鈍くなります。こうなると、周囲の動きが速く感じられ、対応できなくなります。

物事がうまくいかないときは氣が滞っている

みなさんも日常生活で経験があるでしょう。落ち込んでいるときや、何をやってもうまくいかないとき、周囲の人は何ごともうまくいっているように見え、自分だけ置いてきぼりになったような氣持ちになることはないでしょうか。それが心が鈍くなり、停止している状態です。心が停止しているために、物事が正常に見えなくなり、適切な対応もできなくなってしまうのです。

反対に、心の動きが活発になると、周囲の動きが実際よりもゆっくり見えるようになります。こうなると、多くのことをスムーズに進められ、能力も発揮しやすくなります。この氣の通った状態は、臍下の一点に心を静められているときに築かれるのです。

わかりやすい例でお話しすると、空手の瓦割りを見たことがあるでしょうか。初心者がやると一枚しか割れません。一番上しか見ていないからです。目標がそこになっているので一枚目までしか氣が通らない。一方、心得がある者がやると、一番下の瓦まで割れます。目標である下の瓦まで見ているので、氣がそこまで通るのです。このとき、臍下の一点に心が静められているかどうかで、拳の下ろし方も変わってきます。

物事がうまくいかないのは氣が滞っている証《あかし》。ゆっくりと深呼吸をして臍下の一点に心を静めれば、無意識のうちに氣が通う状態をつくれるようになります。

王貞治の一本足打法はこうして誕生した

「世界のホームラン王」となった王貞治。王も、優れた指導者との出会いと不断の鍛錬によってホームランバッターとなった男です。そして、王の代名詞ともいわれる「一本足打法」も、その指導者との鍛錬の末に生まれたバッティング法で

1977年9月3日、巨人・王貞治が通算756号本塁打を放つ。後楽園球場の対ヤクルト戦で。(写真提供:報知新聞/アフロ)

した。

王は、今でいうドラフト1位で早稲田実業学校から巨人に入ったものの、入団以来3年間、芽が出ませんでした。巨人としても金の卵をなんとかものにしたいという考えがあったのですが、期待していたほどうまくならない。当時の巨人軍監督であり、現役時代には「打撃の神様」と呼ばれた川上さんも、お手上げの状態でした。そうしたなかで、毎日オリオンズを退団したばかりで、早稲田大学の1年先輩の荒川博さんを王のコーチにどうか、と私が推薦しました。

王はもともと二本足の打者でした。しかし、バッティングにもっとも重要な中心のとり方が下手でした。打つときに、投球によって中心が左に行ったり右に行ったりしてしまうのです。それによって、速い球には詰まり、変化球は迎えに行ってとらえきれないという状態でした。

荒川さんもこの悪いクセには困り果てました。私は荒川さんとともに藤平光一先生に心身統一合氣道の指導を受けていました。荒川さんが光一先生に相談すると、

「中心は二本足も一本足も同じ。二本足で中心を真ん中に保つことができないなら、一本足にしたらいいじゃないか」

といわれたのです。光一師の指導する心身統一合氣道では、何ごとも心と身体が一つになる「心身統一」が必要と説き、「心が身体を動かす」という理念に基づいています。そして、「①臍下（へその下）の一点に心を静め統一する　②全身の力を完全に抜く　③身体のすべての部分の重みを、その最下部に置く　④氣を出す」、これを4大原則にしています。光一先生の王へのアドバイスは、この心身統一合氣道の原則から導き出されたものでした。

中心を臍下の一点に集めれば、たとえ上半身が踊っていても、中心がぶれることはありません。こうなれば、上半身はリラックスし、自由に動けるようになるのです。

王は光一先生の指導を受けながら、一本足打法の猛特訓を荒川さんと行うようになりました。「まだ若いし、遊びたいだろうけれど、何もかも忘れて3年間は没頭しろ」と、荒川さんに首根っこをつかまれたような感じでした。

ほとんどの打者は、感覚でバットを振っています。「出たとこ勝負」の打ち方です。しかし、それでは安定感のある強打者にはなれません。荒川さんは、「この動きは次のこの動きにつながっていくんだ」と、まずは打者の動きを理論的に説明し、それを頭に入れさせてから反復練習をしました。

試合の前にも1対1で素振りの練習をし、試合が終わってからは荒川さんの自宅で猛特訓を受ける。素振りを何度も何度もくり返すので、自宅の畳が次々に擦り切れ、擦り切れていないところを探しながら素振りをし、1日で1畳をボロボロにしていくほどの猛特訓でした。「ふつうの畳では間に合わない」と硬いものに替えたら、今度は王の小指が裂けて血が飛んだということもあったそうです。

私も王と荒川さんがマンツーマンで一本足打法の練習をしているときの真剣味と緊張感を、今もまざまざと思い出します。本当にすごいものでした。王が素振りをすると、バットで空氣を切り裂く音が「ビュッ」と聞こえます。そして、振ったあとも、身体が全然崩れていない。そのくらい迫力のある素振りを、一度の練習で何百回、何千回とくり返すのです。

王の強さは、「こんな訓練をやって、本当にうまくなるのか」と心に迷いが生じなかったところにもあるのでしょう。つまらない疑念は鍛錬の邪魔になります。「この指導を受けていたら、上達できる」と信じ、ひたすらバットを振り続けました。

そうして完成した王の一本足打法は、「無意識の静止」を体現したものでした。その姿は、このコラム冒頭の写真に映されています。この写真を見たとき、

「そうそう、これだ!」

と思わず声が出ました。この「さあ、いらっしゃい」と一点の迷いもなく球を待つ静止の状態。これこそが本物の一本足打法です。

通常のバッターは「なんとしても打ちたい」という氣持ちが強いために、打つ際に身体の中心がぶれてしまいます。しかし、よいバッティングをするには瞬間的な「静」が必要です。欲も緊張もなく、「球よ、さあいらっしゃい」という心構えでリラックスした状態、なおかつ中心が臍下の一点に集まっている状態が「静」です。王が一本足でスッと立ったとき、見る者は一瞬、ときが止まったよ

うに感じます。これこそまさに静の状態なのです。

王は、光一先生の教えを受け、荒川さんと特訓を始めてから3年間で三度のホームラン王になり、3年目には55本の日本新記録（当時）を打ち立てました。それから本塁打世界記録868本までの活躍はご存じのとおりです。

王の一本足打法を真似て、片足を高く上げて打つ選手が多くなりました。静止画だけを見ると王以上に上がっている選手もいます。しかし、すべての選手が「猿真似」をしているだけです。高校野球を見ていたら、反対側の足を上げて打っている選手がいて驚きました。一歩足打法とは何たるかも知らず、ただただ感覚的に真似をしているのです。彼の周りには、それを正してくれる指導者すらいない、という状況なのでしょう。

王の一本足打法は「無意識の静」の状態です。多くの選手は、そのことを理解しておらず、足を上げて反動をつけているのです。これは「動」の状態です。足を上げて調子をとると、上げた足を踏み出してからバットを振るようになり、タイミングが合いにくくなります。かえって打ちにくく、かつ打てなくなります。

王が一本足で立ったとき、どの方向から、いくら押しても、びくともしないことは有名です。臍下の一点で立っているので、一本足でも、二本足で立っているとき以上に安定しているのです。一本足でも二本足でも臍下の一点で立てれば同じことです。大事なのは、「欲を捨て、余計なことを考えず、無心にシンプルに打つ」ということなのです。

〈参考図書〉
王貞治＋広岡達朗＋藤平信一『動じない。超一流になる人の心得』（幻冬舎）
藤平信一『心と身体のパフォーマンスを最大化する「氣」の力』（ワニ・プラス）

第6章

人生で本当に大事なこと

1964年4月4日、対中日戦での守備。「今見ても100点満点の構え」と著者。この年7月にプロ通算1000本安打を達成。(写真提供:読売新聞／アフロ)

心構えをしっかり築く。

そうすれば、結果は自ずとついてくる。

現役時代、私は大きなスランプに陥ったことがあります。私が意欲的になればなるほど、実際のプレーではミスが続出しました。

やがて、得意としていたはずの守備まで、自信がぐらつき始めました。「こんなはずではない」「なぜ、あんな動作になったのか」「もっとよい方法があるはずだ」と悩みながらプレーする毎日が2年近くも続きました。

守備位置につくのが怖く、「おれのところに打球が飛んでくるなよ」と、人知れず祈る氣持ちになったこともあります。

そんな悩みが明るく晴れる日は、突然やって来ました。

1958（昭和33）年、巨人軍は3年連続でセ・リーグ優勝したものの、そのたびに日本一を逃し、三度の屈辱に涙した秋でした。日本シリーズ後、メジャーリーグ球団が来日し、対戦する日本代表チームに私も選ばれていました。

相手は名門のセントルイス・カージナルスです。グラウンドに出た私は、彼らの守備練習をぼんやりと眺めていました。やがて二塁手のプレーに目が釘づけになりました。「これだ！」と背筋に電流のようなものが走ったのを今も覚えています。

そのメジャーリーガーとは、ドン・ブレイザーです。のちに来日し、南海ホークスや阪神などで選手、コーチ、監督として活躍したので、ご存じの方も多いでしょう。

ブレイザーは、生真面目でありながら闘志は満々、プレーに派手さはないが堅実そのものでした。

約2週間、日本チームは彼らとともに日本各地を転戦しました。私は連日、練習から試合まで、ブレイザーの一挙手一投足を観察し続けました。「なぜ、あのように堅実で自然な守備ができるのか」と、私はその秘訣を何とか盗みとろうとしたのです。

基本に忠実な捕球と、流れるように連動した送球、そして軽いフットワークの源を、私はまもなくつかみました。ブレイザーは、投手が投球動作に移ると同時に守備態勢に入る。そのタイミングと構え方に、彼の堅実でミスのない守備の秘訣があったのです。

通常、選手の多くは、最初はルーズな格好をしていても、球が飛んできたらしっかり捕ろうと身体を動かします。しかし、ブレイザーは、試合に限らず、ノックでも初めから〝さあ、こい〟とビシッと構えます。バッティングと同様に、守備も周到な準備をしておくことこそ大事なのです。私はその後指導者になってから、ノックをわざと空振りすることを、ときどき試しました。そうすると、構えがきちんとできている選手は微動だにしませんが、ルーズな構えの選手はバランスを崩してしまうのです。

スランプの脱却には基本の反復しかない

私は、早速、軽いノックをしてもらい、ブレイザーと同じことをしてみました。コツは間もなくつかめました。以来、私の守備に対する不安とスランプは解消しました。長い苦悩の日々が嘘のように消え、「守るのが怖い」が「守りたい」に一変したのでした。

このブレイザーの守備は、「臍下の一点に心を静める」に通じるものでした。

球を捕る基本は、合氣道でいう「入り身」です。ただ待っているだけでは捕れません。臍下の一点に心を静めて構え、勇氣を持って球の真ん中に入っていきます。そうすれば、いちいち考えずとも、〝さあ、いらっしゃい〟と対処できるのです。打球が速くても遅くても、どこに転がっても問題ない。球の正面におのれが入っていけば、自然に球がグローブに入ってくるという感覚です。

ただし、それができるようになるまでは、猛烈な訓練の連続でした。基本の構えと動作をていねいにくり返すことで、考えずとも動けるよう身体に叩き込んでいったのです。

スランプからの脱却には、基本に忠実な反復練習しかありません。理論を超越し、考えなくても身体が動くところまで、基本を特訓することです。そうすることで、無用な欲も消え去ります。

その際、大事なのは〝さあ、やってやる〟と心構えを築くこと。同じ動作でも、心構えがあるとないでは吸収する速度が違います。そのうえ、結果にも大きな差が出てくるのです。今は、心構えも覚悟も持たない選手が増えている。それは捕球の際の構え方を見ればわかります。構え方には、その人の物事に対する姿勢が表れるのです。

正しいことを貫く生き方こそ尊い。

若い人に生き方を教えるのは年長者の役割。

私は真剣を使った居合を現役時代シーズンオフに習っていました。そのときの師範である羽賀準一さんは警視庁などでも教授しており、居合の世界では第一人者でした。ここでも荒川さんと一緒でしたが、ある日、荒川さんが剣を抜いた瞬間、その切っ先で手のひらを切ってしまったことがありました。切っ先が鞘《さや》を切り裂き、手のひらまで届いてしまったのです。荒川さんは急いで病院に連れていかれ、何針か縫って自宅に帰りました。その際、羽賀さんは荒川さんの両親に頭を下げて謝りました。

「今日は荒川くんにケガをさせてしまいました。誠に申し訳ない」

弟子の失敗は師匠の責任であり、自分の教育が悪かったと頭を深々と下げたのです。

それほど命がけで羽賀さんは教えているのです。すごいことだと私は身震いをする思いでした。指導者とは、自分に厳しい態度で臨まなければ、とても人に教えられるものではありません。この考え方は、私が指導者として働く際の軸となりました。

人はそれぞれ顔も姿も違うように、素質、才能もみんな違います。一律ではないのです。指導者はそれを見抜き、正しく指導する必要があります。この「正しい」とは、人によって異なることもあります。その選手にとってどういう教え方が正しいのか、どの方向に伸ばしていくとよいのかを考え、氣づかせることです。その結果、どうなるかは指導者の責任です。すべての責任は指導者にあるのです。

ここ数年、野球界にて不祥事が続きました。巨人の選手が野球賭博に関与し、野球界の元スーパースターである清原和博が覚せい剤の所持・使用で逮捕されました。

清原がドラフト１位で西武に入団したのは、１９８５（昭和60）年秋、私が西武の監督を辞めた直後の入れ替わりでした。彼のデビュー戦は初ホームランで始まり、１年目から４番に座って新人王も獲得。西武の関係者によると、高校を卒業したての清原の部屋は、試合の賞品で埋まり、訪ねてきた親があまりの状態に驚いたといいます。

天狗になった清原の扱いに、コーチたちは手こずり、森祇晶監督に「一度、社会常識などを厳しく教え込むべきではないか」と進言したと聞きます。しかし、主砲として活躍を続ける清原を戒めることはなく、指導者陣もフロント陣も放任しました。

彼の人氣と年俸はうなぎ上りを続け、西武最終年の年俸は3億6000万円。超高級外車を乗り回し、夜は高級クラブに通う姿は、お金の価値も社会常識も学ぶことのできなかった裏の姿を映し出していました。

29歳、清原は憧れの巨人にFA移籍をしました。「番長」とも呼ばれるようになっていた清原を巨人首脳がコントロールするのは大変だったでしょう。長嶋監督に「いっときでも二軍に落として、巨人軍の野球をしっかり教え込んだほうではよいのではないか」とコーチ陣は提案したが、「三顧の礼をつくして来ていただいた大変な選手に、そんなことはできません」と拒まれたといいます。

人は誰でも紳士・淑女であれ

たしかに、巨額を投じて獲得した大型選手を戦列から外すのは難しいことです。しかし、巨人ナインに与える清原の影響を考えれば、早いうちに巨人の野球と常識を教え込む必要はありました。それがまた清原が変わる転機となったかもしれないのです。

私が現役選手・指導者として野球界にいたときにも、黒い噂は常にありました。A球場では必ず勝つのに、B球場に行けると必ず負ける、という球団もありました。それは、何かの力が働いているとしか考えられないことでした。遠征先でスパイ疑惑に遭遇するのはよくあることで、監督時代にベンチに盗聴器がしかけられていたこともあります。抗議しようとしたら、相手に氣づかれ、撤去されていました。

監督は、若い選手を実家の親から預かっています。野球の技術を教えるだけでなく、社会人として立派に育てる責任があります。「指導者は選手に技術だけ教えていればよい」というのは間違いなのです。試合中も試合後も、プレーや行動に不自然なところがないかと目を配り、八百長や野球賭博に手を染めないよう、黒い噂に巻き込まれないよう、社会常識から足を踏み外さないよう目を配り、未然に防いでいかなければいけません。

人は誰でも紳士・淑女であれ。社会人として正しさを貫ける強さほど尊い生き方はありません。それを若い世代の人たちに教え続けることも、指導者の尊い役割なのです。

わがままな食事は血液を汚す。

きれいな血液は腸でつくられる。

常にベスト・コンディションでベストのプレーを見せる。これがプロ野球の目標にすべき基本姿勢です。ベスト・コンディションをつくるのは、練習だけではありません。食事も重要な要素です。食事を変えることで、病氣やケガをしにくい身体をつくっていくことができます。

私が自然食と出会ったのは、ヤクルトのコーチだった頃です。当時、故障者が続出し、頭を抱えていた私に「食べ物が悪いのよ。白米を玄米に変えるとよいですよ」と、ある人が教えてくれました。私は、玄米についての知識を得るため、関係書物を探して読んでみました。凝り性の私は、やがて自然食にまでたどりつき、この道の権威である森下敬一博士と面識ができました。

「自然食を続ければ、野球選手に必要な条件反射の能力が高くなり、動作も俊敏になる。脱臼や骨折などの負傷も減る」

というのが森下博士の持論であり、私はそこに共鳴したのです。

「自然食になじむには、早くとも1年はかかるでしょう。また、自然食は、食べたり食べなかったりではだめ。継続して食べなければ効果はありません」

森下博士のその言葉に、私は忠実に従うことにしました。まずは、自分の身体を使って人体実験をしてみたのです。玄米を主食にし、わが家の台所から、防腐剤（保存料）など食品添加物入りの加工食品、精製された塩と砂糖、化学調味料などを追放しました。食卓には、豆腐や小魚が登場することが多くなりました。肉類を減らしたぶん、植物性たんぱく質の食品を増量しました。牛乳が消え、豆乳が登場しました。

1年余り続けた結果、自らの体調が明らかによくなったことを実感しました。私は、ヤクルトの選手たちに自然食の効用を説きました。本格的に野球界に導入したのは、西武の監督になったときです。１９８２（昭和57）年の就任時、西武の主力選手はベテランぞろいでした。チームの中心選手だった田淵幸一はすでに36歳。勝負強いバッティングで「必殺仕事人」と呼ばれた大田卓司も31歳になっていました。高齢化の進む主力メンバーを眺めて、徹底的な体質改善と意識革命の必要性を感じたのです。

食生活の意識革命を起こす

キャンプインの直前、森下博士を招いて自然食の講習会を開きました。コーチ、選手の全員が参加し、彼らの家庭を守る夫人たちにも聴講を呼びかけ、記者団にも公開しました。目的は、故障の少ない体質に改善するため、食生活の意識革命を起こすことです。

「スポーツ選手は、肉がスタミナ源で、肉を大量に食べないと力が出ないと信じている傾向がある。だが、これは迷信みたいなもので、学問的には、むしろ逆だ。肉食へのかたよりは、血液を酸性化させ、疲労を招き、ケガを誘発する。牛乳は熱処理してあるので、いわれているほどの栄養価はない。白米はビタミン類が失われている。

これに対して、玄米や雑穀類は、栄養価が高いうえに、病氣やケガに対する自然治癒力の増強に効用がある。肉だけに重点を置いた食事ではなく、魚介類、野菜、果物などもたっぷり食べて、栄養のバランスをとったほうがよい」

こういって、森下博士は、栄養のバランスを考えた食事を推奨しました。

森下博士は、「血液は腸でつくられる」という独特の理論を持っています。「血液は骨髄でつくられる」というのが一般論であり、その持論ゆえ森下博士は学会から外されました。しかし、腸が得た栄養素が血液の材料になるのは明らかな事実です。間違ったものを食べれば、きれいな血液はつくられなくなります。

病氣は血液の汚れから起こってきます。血液は、人体を構成する細胞すべてにめぐり、栄養を届けます。その血液が汚れていれば、細胞にダメージを与えるのは必至です。

つまり、浄血こそが万病の根本療法です。そうだとするならば、間違ったものを腸に入れてはいけません。間違った食べものとは、生物として自然ではないもの。先にも述べましたが、まとめますと、防腐剤（保存料）など食品添加物入りの加工食品、精製された塩と砂糖、白米、化学調味料、牛乳、そして過度の肉です。

人体にとって不自然な食べ物を腸に入れることは、身体にとってはわがままです。そこから血液が汚れ、病氣が生じることになるのです。

正しい生活をしていれば、がんも怖くない。

肉は酸性の固まりであることを知る。

自然食の最大の効能は、血液を弱アルカリ性にすることです。体内の血液が弱アルカリ性のときに、健康状態はもっとも良好で、免疫力も高まります。反対に、酸性に傾いてくると疲労感が強まり、自然治癒力が低下して、病氣を起こしやすくなります。

現在、日本人の２人に１人ががんになり、３人に１人ががんで命を落とすと推計されています。がんも、酸性の汚れた血液がたまったところに宿ると、私は考えています。

一つの小さながん細胞が腫瘍に育つまでには、長い年月がかかります。つまり、がんが腫瘍となって姿を現したということは、それだけの期間、誤った生活を続けてきたということです。それならば、根本的な解決法とは、生活を正すこと。第一には、食生活を改めて、血液を弱アルカリ性に保つことです。とくに、肉は血液を酸性に傾かせる作用の強い食材です。肉食を好む人は、このことを知っておかなければいけません。

しかも、私たち現代人が食べる肉は、腐敗の進んだものです。命を絶たれたばかりの家畜の肉は、手に入りません。死んでまもない肉は硬直が進んで固く、おいしくない。人間がおいしいといって食べるのは、腐敗のわずかに進んだ肉であり、腐敗が進むほど毒素が強くなります。それを腸に入れれば、血液が汚れるのは防げません。

私も、現役時代は危険性を知らずに肉を食べていましたが、森下博士の自然食を知ってからは、多くを口にしなくなりました。森下博士のいうように、大事なのは食事のバランスです。前述の講習会に参加した記者が「広岡さん、『肉は腐った食物』と――肉を食べないライオンズ」という記事を書き、誤情報が世間を賑わせたこともありました。

一回の食事で肉の占める割合は多くとも2～3割程度にするとよいでしょう。他は腸内環境をよくするような野菜や玄米、豆類を食べ、たんぱく質は大豆食品や小魚などで補うようにするのが、好ましいバランスといえます。あとはよく噛んで食べること。唾《だ》液《えき》は万物に効く薬です。水原監督も「ケガなんか、ツバつけときゃ治る！」とよくいっていましたが、本当です。唾液の分泌と免疫力は、非常に深い関係にあるのです。

また、血液を弱アルカリ性に保つには、生活習慣も重要です。日が昇ったら起き、夜は早めに休むという、人間本来の生活習慣に戻すことです。

さらに、心の状態も血液に大きな影響を与えます。積極的な心持ちであるときには血液は弱アルカリ性を保ちますが、ストレスを抱えたり、消極的な氣持ちに支配されたりすると、酸性に傾きます。これは実験心理学や精神科学的考証でも証明されています。

検査を受けても予防にはならない

先にご紹介した中村天風先生も、喉頭がんでした。90年近くも前のことで、がんに対する情報は少なく、死病と恐れられていた時代のことでした。権威とよばれる医者から手術を勧められたものの、天風先生はそれを断わりました。

「おれの身体は大自然がつくったんだ。生きていく必要があったら、大自然が生かしておいてくれるだろう。おれはおれの力を信じている」

そういったのです。そのとき、北海道での講演会が決まっていました。「おれの話を待っている人たちがいる」と出かけましたが、講演会の途中で大量の血を吐き、10日間も40度の高熱が続きました。そののち、「がんの悪い血を全部吐き出したからもう大丈夫」といい、92歳まで生きました。本来、人の生きる力とは、それほど強いものです。

私は、これまでがん検診を受けたことがありません。ですから、体内にがんの芽があるのかどうかはわかりませんが、おそらくはないだろうと感じています。そう確信できるのは、監督時代から節制し、引退後も心身を鍛えてきたからです。これほど正しい生活を送っているからこそ、がんになるはずがないと信じることができるのです。

一方、医者は「予防のために検査を受けろ」といいます。しかし、検査はがんを見つけるだけのもので、予防にはなりません。予防とは、血液を汚さない生活のことです。

そうして正しい生活を送っていても、がんになることもあるでしょう。そのとき、どうするかは決めています。手術や延命措置は受けません。がんの治療法はかなり進んでいるといいますが、この年齢で手術と抗がん剤治療を受け、病院で寝たきりになってどうするのでしょうか。それよりも、生活の質を保ちながら、自宅で余生を楽しみたい。これまで正しい生活をしてきたのですから、天命は素直に受け入れたいと思うのです。

ケガや故障は根本から治せ。

手術をしたら、もう元には戻らない。

ヤクルトの監督に就任して間もなく、ある地方遠征試合がありました。主力選手の一人が足の筋肉痛を訴えて欠場しました。試合を終え、次の試合地へバスで向かっていたときのことです。休憩のため、バスが一時停車しました。すると、足を痛めていたはずのその選手が、急ぎ足でどこかへ行き、出発時間の間際にバスに乗り込んできました。彼は、座席につくなり、買ってきた缶ビールをうまそうに飲み始めたのです。

翌日、彼が足の痛みを理由に練習に遅れてきたので、「足が痛いといいながら、ビールを飲んでいただろう。今さら足が痛いもないだろうが！」と私は厳しくいいました。

ケガのときにアルコールを入れたら、炎症を起こして治りにくくなるのは、医学的にも明らかです。また、ベストプレーを日々求められるプロの選手にとって、酒の飲み過ぎはよくありません。酒を飲むと筋肉が弛緩《しかん》します。その状態を続けていると、筋力を落とし、肉離れなどを起こしやすくなるのです。だからこそ口やかましくいっていたら、「あいつは酒も飲まさん、タバコも吸わさん」「私生活にまで口出しする」「厳しすぎる監督」というレッテルを貼られてしまいました。

それでも、先に生きる者は、後に続く者に教え続けるべきことがあります。若い頃は、間違ったことをしていても、身体には回復する力はある。しかし、その間違ったことを続けていると、早い段階で選手生命を絶たれる事態になりかねない。だからこそケガや病が生じたならば、自らの過ちを徹底的に正していくこと。それを教えてくれるケガや病には感謝し、正しく応えなければいけない――と。

野球でいえば、投手が故障によってメスを入れるのは間違いです。メスを入れてもとのように投げられるのならばよいですが、ほとんど完全復活できないのが現実です。

ヒジや肩を痛めた選手が、「なんとしても野球を続けたい」と願う氣持ちは痛いほどわかります。しかし、靭帯《じんたい》断裂に対する術法であるトミー・ジョン手術を開発したアメリカのフランク・ジョーブ博士も、「手術をすればもう一度投げられるようになるが、今まで通りの速球投手には戻れない」と断言しています。もちろん、手術法は進歩しているでしょう。しかし、博士の予測が正しいことは、その後の治療実績を見ても明らかです。

ベテラン投手の故障は背骨が原因

なぜ、長く選手生活を続けていると、故障する投手が増えるのでしょうか。

背骨がねじれて曲がってくるからです。背骨は1本の大きな骨ではなく、26個の小さな骨「椎骨《ついこつ》」が積み重なる形で成っています。若い頃は、背骨が投球でねじれても自然に戻りますが、加齢とともにねじれの戻りが悪くなります。それを正さないまま投げ続けていると、このひずみが肩やヒジに悪い影響を与え、痛みが出てきます。最悪の場合、靭帯断裂という結果を招くのです。

つまり、肩やヒジに出た痛みは「背骨がねじれたままだよ」という身体の表現です。そのとき、根本原因の背骨を矯正すればよいのですが、正しく診断し、治療できる施術者がいないのです。私の現役時代には、吉田増蔵さんという整骨師がいました。前述もしましたが、患部を一瞬で矯正する〝神の手〟を持った人で、骨折ならば2週間で治しました。先生の施術が痛いのは骨を正す一瞬のみ。「痛いもとを治したから、痛いうちに治る。痛いというのは、自分の身体が悪い場所を氣づかせてくれているのだから、がまんせい」といい、治療中の生活習慣に厳しく、酒はもちろん、風呂も禁じられました。

現在は吉田先生のような施術者がいないのが残念です。ただ、選手のほうにも、甘えが見えるのも事実です。昨今の投手は、何かあると「違和感」という言葉を口にします。チーム付きドクターは「1週間投げるのをやめましょう」というのが決まり文句です。しかし、休めば痛みは引きますが、ねじれた背骨はそのままです。痛みがあるのは、悪いところがある証《あかし》。ベストプレーを求めるならば、痛みにとらわれて休養をとるより先に、根本を治す努力を日々、自ら積極的にしていくことです。

では、靭帯を損傷し、投げられなくなった選手は、どうするとよいのでしょうか。私は、引退するべきと考えます。手術の苦痛に耐え、長いリハビリの苦労までしてマウンドにしがみつくのではなく、今度は指導者になっておのれの実績と貴重な体験を後輩に伝え、野球界に貢献してほしいと思うのです。

毎日3食とる必要はない。

腹が減ったときの食事が、血となり肉となる。

現役を引退すると、ぶくぶく太る選手がいます。現役中から太り始める選手もいます。「太る」というのは、自分を律することができず、どこかで楽をしていることの証です。あの姿を見ると、一人の野球人として「情けないなあ」と思ってしまいます。

監督でも太った人がいますが、とくに高校野球の監督の体型は目に余ります。野球を教える立場の者が、なぜ太るのですか。ノックでもなんでも、自ら先頭に立って指導に当たれば、太る暇などないはずです。

太っている医者も、私は信用できません。太った図体で、「こういう食事をすれば病氣がよくなる」「長生きできる」と患者に指導しても、説得力はないでしょう。人を指導する立場の人間は、自分を律する強さが絶対的に必要であるはずです。

昨今は、ダイエットブームが花盛りで、毎年のように新しいダイエットが話題になり、消えていきます。痩身商品も次々にヒットを飛ばしています。しかし、お腹にピクピク電氣が走るような器具をつけて腹筋が割れるはずはないですし、サプリメントを飲むだけで身体の脂肪が落ちるはずもないでしょう。モデルとなる人の華やかな変化を見ると、「自分もそうなれるかも」と思いがちですが、その商品でモデルが本当に変化したのか、真偽のほどはわからないものです。

現在では、病氣を治すのも、ダイエットするのも、栄養が重視されますが、これも間違いだろうと思います。栄養がすべてではありません。「1日〇〇〇キロカロリーに抑えれば、やせられる」などというのは愚の骨頂で、人体がなんたるかわかっていない者のいうことでしょう。

もし、究極のダイエットの方法があるのだとしたら、目に見えないものの存在を感じることだと私は考えます。現在、日本ではダイエットというと「痩身方法」という意味で使われますが、本来は「食餌《しょくじ》療法」です。健康を増進し、病氣になりにくい身体を築く食事の方法が、本当の意味でのダイエットです。

山奥でヨガの修行をするインドの人たちは、驚くほどの粗食で元氣に暮らしています。彼らは、目に見えない空氣からもエネルギーを摂取していると考えています。空氣がなくなったら、人は一瞬で死んでしまうというのに、私たち日本人は空氣があることを当たり前と思ってはいないでしょうか。当たり前のことなど、何一つないのです。

目に見えない自然の恵みをとり入れる

私も、目に見えないものにもプラスを感じ、ありがたく頂戴しています。その方法が、深呼吸です。深く息を吐き、深く空氣を吸い込む。そのとき、太陽や土や水など自然界が発するエネルギーがたっぷりと身体に入ってきます。大自然の一部である人間の身体は、そのエネルギーを生命活動に活かせるようにできているのです。

そうして考えれば、1日三度の食事は必要なくなります。いつでもどこでも、深呼吸すれば、自然の恵みのエネルギーをとり入れられるからです。

食事は、おなかがグーッと鳴り、身体が栄養を欲したときに食べればよいのです。身体の声に鈍感になって、お腹が空いていないのに食べたり、満腹になるまで食べたりするから、身体は太るし、病を起こしやすくなるのです。反対に、身体が欲したときに腸に入れたものが、血となり肉となります。その際、前述したように、血を汚すような食べ物はできるだけ避け、バランスのよい食事を心がけることです。

具体的には、食物摂取は7割以上を植物性にし、動物性のものは3割以下に抑えること。植物性食品が主体の食事は無病長寿を築き、これが逆転すると食も害毒となります。

私は、朝はコーンフレークに干しぶどうやプルーンなどのドライフルーツを加え、豆乳でいただきます。これにバナナなどの果物も足します。昼はほとんど食べません。

夜は自分で5～6品を料理します。ごぼうやさつまいも、じゃがいもなどの根菜、ほうれん草などの緑黄色野菜、いりこなど、いろいろな食材を少しずつ上手に使って、純和風の食事をつくります。それをちょっとずつ食べるようにします。凝ったものはつくりませんが、素材の味がわかるような粗食は栄養素が壊されておらず身体によいのです。

ご飯は玄米です。一回で3合ほど炊き、残ったぶんは1食分ずつ冷凍し、食べる際に温めていただいています。

水分をがぶ飲みすれば身体は疲労する。

昔は練習中に水を飲まなかった。

年々、夏の暑さが厳しくなっています。夏バテする人は多く、熱中症のために救急車で運ばれる人も増えています。運動中に倒れる人も珍しくありません。夏バテというと、私には思い出す人がいます。アンダースローの投手として活躍した大友工《たくみ》さんです。

1954（昭和29）年の巨人軍は、第2期黄金時代を謳歌《おうか》し、「常勝・巨人軍」そのものでした。それが夏の広島球場での試合は、暑さのためなかなか勝てませんでした。

当時、各球場には夜間照明設備が整い、夏のゲームはナイターが中心になりつつありました。しかし、広島球場だけはナイター設備がなく、炎天下でのゲームとなりました。

広島は、全国屈指の暑い土地です。ダッグアウト（選手の控え席）のなかに大きな氷柱を立て、後ろから団扇であおいで、わずかな涼を求めるありさまでした。

監督の水原茂さんでさえ、広島球場では別人になりました。暑さに負け、ダッグアウト横の日陰から采配を振るうのです。主力選手もげんなりした顔で、氣力をまったく感じない状態です。これでは強豪・巨人軍でも勝てるはずがありませんでした。

そうしたなか、大友工投手だけは広島球場でも好投につぐ好投を見せていました。

大友さんは軟式野球出身で無名の新人から、巨人軍のエースにはい上がった人です。研究と努力を積み重ね、独特の投法を編み出し、のちにメジャーリーグのチームに対して、日本人勝利投手第一号を記録したことでも知られています。いわゆる一本筋の通った人でした。そんな大友さんの暑さに強い投球から、「大友は不死身だ」「暑さに強い体質だろう」「夏の広島のゲームは、大友にまかせればよい」との声も高まりました。

ある日、私は大友さんに「なぜ、暑さに強いのですか」と尋ねました。大友さんは「おれだって生身の人間だよ。不死身じゃないぞ」といいつつも、こう教えてくれました。

「夏バテというのは、夏だけに起こる現象だろう。なぜ、夏の暑いときにだけ疲れやすく、力が抜けるのだろうと、おれもいろいろ考えた。そうして自分の身体をモルモットにして、実験してみたんだよ。そのうちに氣がついた。夏バテを防ぐためにいちばん大切なことは、身体のなかの水分をいかに上手にコントロールするか——これなんだと。

それで、いろいろやってみた結果、おれの場合はまず、試合前に前日までのムダな水分を汗にして出してしまう。それから改めて体調を整えて試合に臨む。この方法がおれの体質にいちばん適していると氣づいたんだ」

翌日から、私は大友さんの行動を観察するようになりました。登板の日の午前中になると、大友さんは、他の選手と行動を別にしました。みんなより早く起き、朝食をとると、一人で宿舎の近くの小さな公園に向かうのです。ここで体操をし、ジョギングをし、ビショビショビショになるまで汗を流していました。

「身体の声を聞く」ことが第一

私は大友さんを見習いました。最初に汗を出すだけ出し、ユニホームに着替えてから、必要な水を飲むようにしたのです。その際も、喉が渇き、「飲みたいなあ」と身体の声を感じてから飲みます。飲み方は、ゴクゴクと勢いよく流し込むのではなく、一口含んで口内を潤し、また「飲みたいなあ」と感じたら再び一口含む、という感じです。そうすると、身体がだらけず、疲労も感じにくく、夏バテを起こしにくくなることを体感しました。この大友流夏バテ防止法によって、私も夏バテから解放されたのでした。

昔は「運動中は水を飲むな」といいましたが、あれは酷だったと思います。しかし、汗もかいていない、喉も渇いていないのに、水を飲む必要はないでしょう。

実際、汗を出す前に水をゴクゴク飲んだりしたら身体が重くなるのは、誰もが日常的に感じていることではないでしょうか。それなのに水をガブガブ飲むから、身体が水浸しになって夏バテを起こすのです。しかも、水分をとり過ぎれば集中力がなくなります。とっさのプレーでのひらめきがなくなり、機敏な動きも失われます。

それではなぜ、医者も「水を飲め」といい、マスコミも「夏バテには水分補給」と大々的に報道するのでしょうか。その裏には、清涼飲料水やスポーツドリンク、そして水を売りたい人たちの思惑を感じてなりません。私たちに大事なのは、流れてくる情報を鵜《う》呑《の》みにせず、自分の身体の声を聞くことです。夏バテになりやすい人は、「水分補給」を優先するのではなく、「身体の声を聞く」ことを第一に考えるとよいのです。

朝は感謝で目覚め、冷水をかぶる。

「病」と「病氣」は根本が違う。

私は20代の頃から85歳になった現在まで、毎朝、水を頭からかぶることを続けています。シャワーで頭から水をジャーッとかけるのです。夏は水も温かいのですが、冬は水が非常に冷たくなっています。それでもシャワーの水を浴びます。

なぜ、こんなことをするのかといえば、交感神経と副交感神経の切り替えをしっかりするためです。

私たちの身体は、自律神経という神経に支配されて動いています。文字通り、自分の意志と関係なく動く自律した神経で、一刻も休まずに五臓六腑の働きを調整しています。

自律神経は、交感神経と副交感神経という正反対の性質を持つ2つの神経で構成されます。交感神経は活動時や緊張時に優位になる神経で、副交感神経は休養時やリックス時に優位になる神経です。この2つが拮抗《きっこう》し、バランスをとりあいながら働くことで、日々、私たちの体内環境を正しく動かしています。

自律神経はいくつかのリズムを持ちながら働いていますが、いちばん大きなリズムは、日中は交感神経が優位になり、夜間は副交感神経が優位になるというものです。この切り替え時、自律神経の働きは乱れやすくなります。とくに、朝が問題です。

早朝は「自律神経の嵐が吹く」とよくいわれます。睡眠から覚醒へと移る早朝の時間帯は、副交感神経から交感神経に切り替わる時間でもあり、体内環境が乱れやすくなっています。自律神経の働きが乱れると、体温や血圧、心拍数などが急上昇しやすくなります。この時間帯に心筋梗塞や脳梗塞など血管の病氣が起こりやすいのには、こうした理由があるのです。

反対に、この自律神経の切り替えをスムーズに行うことができれば、1日を体調よく過ごせます。健康とは日々の積み重ねです。それには、交感神経のスイッチをバチッと入れてあげればよいのです。そのための方法として、私は朝、水を浴びるのです。

夏は水道の水も温かくなっているが、冬の水は冷たい。そんなときこそ、「万物の霊長が何をいうか」という心構えで水を浴びます。

「動物ができるこの水浴びを、万物の霊長であるおれができないはずがない」と思えば、冷水をかぶる心構えができます。「冷たい、寒い」と、人ですからそう思うのは当然。しかし、「風邪を引きそう」と考える必要はない。「病は氣から」とよくいいますが、氣が引けると、病につけこまれやすくなります。「風邪を引きそう」と氣が弱っているときに、人は風邪を引くのです。

この水浴びを続けてきたおかげか、私はめったに風邪を引きません。高齢になるととくにインフルエンザや肺炎球菌のワクチンが推奨されますが、それらも接種しません。水浴びのおかげで寒さや暑さに対する抵抗力がつき、病を遠ざける氣力を養っているからです。

もう一つ、大切にしている習慣があります。毎朝、目を覚ましたとき、

「今日も、元氣に生かしてもらうことができた。ありがたいことだ」

と感謝することです。昨日、どんなにつらいことがあったとしても、今日という1日

を感謝から始めることで、心の中の曇りが消えていきます。

そのあとは、外に出て体操をし、深呼吸をくり返します。

これらの習慣は、誰でも「やろう」と思えば今日から始められることです。しかし、どんなに簡単なことも、続けるのは難しい。それは、脳が堕落しているからです。そんなときこそ「万物の霊長」である自分のプライドを奮い立たせなさい。

「病」を「病氣」にしてはいけない

天風先生は、「心と身体というものは、今の自分を表現するものだ。本当の自分は身体の真ん中にいる。これを霊魂という。すべての霊魂は、無垢で純粋。病があるということは、霊魂である本当の自分が『生活が間違っているぞ』と教えてくれているのだ。つまり、病とは霊魂の表現でもある」と教えています。

こんな私も先日、久しぶりに風邪を引きました。妻の見舞いに行った際に病院でうつされたようです。風邪を引くと、多くの人は「病院に行かなければ」と考えるでしょう。

しかし、風邪くらいで医師に診てもらおうとは、私は考えません。「自分のなかにいる本当の自分が『風邪』という表現をしているんだな」と思うからです。

本当の自分が風邪という表現方法を使って、「今は休養が必要。とにかく休め。風邪が治ったら、もっと心身を鍛えろ」と教えてくれているのです。霊魂が表現しているということは、自分自身がまだまだ健在だという証ともとらえられます。

そもそも風邪とは、「病」であって、「病氣」ではありません。氣まで病んでしまうのが「病氣」です。心が積極的に保たれ、氣が元氣であるならば、それは「病」です。「病氣」になってしまうと回復までの道のりは大変ですが、「病」であれば、氣は通っているのですから、身体が元氣をとり戻すのも早いでしょう。

「病」を「病氣」にしてはいけません。「なぜ、こんなことになってしまったのか」と絶望すれば病氣になりますが、「病になったということは、生活習慣を改善せよ、と本当の自分が教えてくれたのだ」と考えれば、医者がなんと診断しようと、病氣に陥ることはありません。

「病」か「病氣」かを決めるのは、おのれの心のあり方一つなのです。

あとがき

私の教え子の一人に、ソフトバンク現監督の工藤公康がいます。監督就任1年目の2015年に日本一を達成。3年目の2017年もパ・リーグのペナントレースを制し、本稿執筆時点（9月20日）で、再び日本一を狙う位置にいます。工藤は、選手時代に十四度のリーグ優勝、十一度の日本一を経験、「優勝請負人」と呼ばれた名投手でした。

プロ入りしたばかりの工藤を、私は一軍からスタートさせました。新人は二軍から始めるのが常識です。それを覆して工藤を一軍入りさせたのは、才能ある投球にも理由はありますが、それ以上に工藤が小利口な青年だったからです。「もし、二軍に置いたら、首脳陣の目を盗んで練習の手を抜くだろう」と直感したのです。

1年目、2年目は中継ぎ中心で登板させて成功したのですが、集中力のなさが目立ちました。登板していても、集中がパッと切れることがあるのです。プロの選手としては許されない甘さとハングリー精神の欠如を感じました。

翌年、私は工藤に「アメリカに行け」と命じ、マイナーリーグに送りました。帰国後、「向こうのハングリー精神はすごい。自分がいかに幸せかがよくわかった」といったのを覚えています。マイナーの厳しい生活を体験し、プロ意識に目覚めたのでした。

当時、私は工藤を「坊や」と呼んでいたため、マスコミは特別扱いしていると思ったようです。実際には違います。将来、野球界を背負って立つ金の卵を間違いなく育てるため、野球も私生活も誰よりも厳しく鍛えたのです。工藤自身も、野球だけでなく食生活においてもよく勉強し、実力を伸ばしていきました。今も、「あのマイナーでの経験がよい勉強になりました」と工藤は話します。

日本人の多くは、どちらかというと、陸に上がって待っているタイプです。自分から師となる人物を探しにいったり、勉強をしたりせず、安全な場所で与えられるのを待ち、自分流の賛否を語る。しかし、人に教える立場に立ったならば、自分流ではだめです。教育とは、自分よりも道理を知らない者に施すものだからこそ、自ら立ち上がってどんどん必要な勉強をすること。そして、自らが教えを乞える師を見つけにいくことです。

そうやって人の上に立ち、新しい改革を始めようとしたとき、一つだけ覚えておいてほしいことがあります。どんなに正しいチャレンジをするときにも、半分は賛成してくれるけれども、半分は反対するでしょう。半分は、あなたの敵になる、ということです。その敵のうちの一割でも味方にできたら上出来。これも人間界の真理のようなものです。その心構えさえできていれば、いざ事を起こすのが怖くはなくなります。

私も監督時代、「管理野球」「海軍式野球」とずいぶん批判されました。それまでの日本野球にないものを、次々と導入したからです。選手の半分からは文句をいわれ、そっぽを向かれました。しかし、半分の者はついてきてくれ、今、野球界を背負い、また人を育てる立場にある。そうやって、自分が行ってきた教育は、次世代へと受け継がれていくのだと思います。

人は必ず育ちます。また、これからの時代を担う子どもたちのためにも、日本をよりよい国に導くためにも、信念を持って人を育てていかなければいけないのです。

２０１７年　９月

広岡達朗

広岡イズム

"名将"の考え方、育て方、生き方に学ぶ

著者　広岡達朗

2017年10月25日　初版発行

広岡達朗（ひろおか・たつろう）
1932年、広島県呉市生まれ。早稲田大学教育学部卒。早大の名ショートとして活躍後、1954年に巨人入団、1年目から正遊撃手を務め、新人王およびベストナインに輝いた。引退後は評論家活動を経て広島とヤクルトでコーチを務め、監督としてはヤクルトと西武で日本シリーズ優勝、セ・パ両リーグでの日本一を達成した"名将"。1992年に野球殿堂入り。著書に『中村天風 悲運に心悩ますな』『巨人への遺言 プロ野球 生き残りの道』、王貞治、藤平信一との共著『動じない。』（いずれも幻冬舎）など。

発行者　佐藤俊彦
発行所　株式会社ワニ・プラス
〒150-8482
東京都渋谷区恵比寿4-4-9　えびす大黒ビル7F
電話　03-5449-2171（編集）
発売元　株式会社ワニブックス
〒150-8482
東京都渋谷区恵比寿4-4-9　えびす大黒ビル
電話　03-5449-2711（代表）

編集協力　高田幸絵
装丁　橘田浩志（アティック）
柏原宗績
撮影　門馬央典
DTP　小田光美（オフィスメイプル）
印刷・製本所　大日本印刷株式会社

ISBN 978-4-8470-6118-9
ワニブックスHP　https://www.wani.co.jp